AUFGABEN

AUS DEM

RÖMISCHEN RECHT

zum selbsttätigen Einarbeiten

in das System des römischen Privatrechts

von

Rudolf Stammler
Professor an der Universität Berlin

Vierte Auflage

Mit Figuren im Text

Berlin und Leipzig 1919
Vereinigung wissenschaftlicher Verleger
Walter de Gruyter & Co.
vorm. G. J. Göschen'sche Verlagshandlung :: J. Guttentag, Verlagsbuchhandlung :: Georg Reimer :: Karl J. Trübner · Veit & Comp.

Der Hörer soll nicht Gedanken, sondern denken lernen; man soll ihn nicht tragen, sondern leiten, wenn man will, daß er in Zukunft von sich selbst zu gehen geschickt sein soll.

Kant.

Druck von Metzger & Wittig in Leipzig.

Inhalt.

Einleitung.

Erstes Buch.

Allgemeiner Teil.

Zweites Buch.

Recht der Schuldverhältnisse.

Drittes Buch.

Sachenrecht.

Viertes Buch.

Familienrecht.

Fünftes Buch.

Erbrecht.

Einleitung.

I

1. Robinson konnte nicht umhin, zu lächeln, da ihm der Gedanke einfiel, daß er einem ordentlichen Könige nunmehr immer ähnlicher werde. Die ganze Insel war sein Eigentum; seine Untertanen, die ihm alle ihr Leben verdankten, hingen lediglich von seinem Willen ab und waren verbunden, wenn es sein müßte, Leib und Leben für ihn zu wagen. Am merkwürdigsten schien ihm dabei der Umstand, daß er gerade so viel Glaubensparteien als Untertanen in seinem Reiche hatte. Freitag hatte diejenige christliche Religion von ihm angenommen, welche die Protestanten bekennen; der Spanier war ein katholischer Christ, Freitags Vater sogar noch ein Heide. — Was mußt du nun wohl dabei tun? dachte Robinson. Hättest du nicht etwa das Recht, sie alle mit Gewalt zu zwingen, sich zu demjenigen Glauben zu bekennen, den du für den besten hältst? Er sann darüber nach, weil es eine Sache war, an die er noch niemals gedacht hatte.

(Aus CAMPE, Robinson der Jüngere.)

a) Inwiefern mag hier ein rechtlicher Zustand angenommen werden? Worauf konnte er sich gründen?

b) Wie steht es mit möglicher Anwendung des Rechtes in Dingen des religiösen Glaubens?

c) Vergleiche damit aus VERNE, Die Kinder des Kapitän Grant Harry Grant wird von der meuternden Mannschaft der *Britannia* mit seinem Sohne James und einem Matrosen Burck auf einer wüsten Insel im Südmeere ausgesetzt. Burck, *das wilde Tier*, ist ihm todfeind, weil er ihn wegen Vergehungen hatte peitschen lassen; er hält ihn, der keine Waffen besitzt, nur mit Androhung des Niederschießens von ihrem Lagerplatze fern. — Wie verhält sich dieser Zustand zu der obigen Erzählung?

2. Der Pädagoge CURTMANN erzählt in seinem Lesebuche die bekannte Geschichte von den Sperlingen unter dem Hute. . . . Jetzt begegnete ihm der Amtmann, den pflegten alle Leute zu grüßen. Der Michel aber tat es nicht, einmal weil er die Spatzen unter dem Hute hatte, und zweitens weil er ein Grobian von Haus aus war. Der Amtmann aber sagte zu dem Gerichtsdiener mit dem roten Kragen, welcher hinter ihm her ging: Sieh doch einmal, ob dem Burschen dort der Hut angeleimt ist? Der Gerichtsdiener ging hin und sprach: Höre einmal, Michel, der Herr Amtmann möchte einmal sehen, wie dein Hut inwendig aussieht. Flugs zieh ihn ab! Der Michel aber zögerte immer noch. Da riß ihm der Gerichtsdiener den Hut herunter.

Welche sozialwissenschaftlichen Begriffe haben in dieser Erzählung Anwendung gefunden? Wie steht es mit ihrem Geltungsanspruche und ihrer Durchführung? Ist die Sage von *Geßlers Hut* hierin dem eben Berichteten gleich zu behandeln?

3. Venedig. Ein Gerichtssaal. *Bassanio.* Beugt Einmal das Gesetz nach eurem Ansehn; Tut kleines Unrecht um ein großes Recht, ... *Porzia.* Es darf nicht sein ... Es würde als ein Vorgang angeführt, Und mancher Fehltritt nach demselben Beispiel Griff' um sich in dem Staat, es kann nicht sein.

Worin bestand die Verschiedenheit der hier geäußerten Meinungen? Wie steht es mit ihrer beiderseitigen Begründung?

Cf. l. 4 C. de legibus et constitutionibus et edictis (1, 14).

4. In den französischen Volksschulen wird Unterricht in der *Morale et instruction civique* erteilt. Dabei wird ein kleines Lehrbuch benutzt, das in katechetischer Form abgefaßt ist und unter anderen folgende Abschnitte enthält: 2) *devoirs envers les parents;* 5) *devoirs envers les serviteurs;* 6) *l'enfant dans l'école: assiduité, docilité, travail, convenance;* 8) *devoirs envers les camarades;* 10) *devoirs envers soi-même;* 11) *économie;* 17) *veracité et sincérité; ne jamais mentir;* 24) *traiter les animaux avec douceur, ne point les faire souffrir inutilement;* 31) *devoirs envers Dieu;* 35) *l'impôt;* 36) *le suffrage universel.*

Welche systematisch verschiedenen Klassen von Normen für menschliches Wollen sind hier erwähnt?

II

1. Steht im folgenden *ius privatum* oder *ius publicum* in Frage?

a) *Sachsenspiegel* (um 1230) III 54 § 4: Der kung sal habn vrenkisch recht, swenne er gekorn ist, von wilcher gebort so her sie .. — I 35 § 1: Al schacz, under der erden begraben tiefer denn ein phlûg gê, der gehôret zû der kunglîchen gewalt.

b) Kaiser Karl V. hatte von dem Hause Fugger in Augsburg große Geldsummen vorgestreckt erhalten. Nach einer bekannten Anekdote, die jedoch zweifellos ungeschichtlich ist, soll der Kaiser auf einer Rückkehr aus Italien im Hause des Anton Fugger eingekehrt sein, und letzterer die Schuldverschreibung des Kaisers im Kaminfeuer, das er aus kostbarer Zimtrinde habe anzünden lassen, verbrannt haben.

c) Aus den Gesetzen des HAMMURABI, Königs von Babylon, um 2250 v. Chr.: *Wenn jemand den unerwachsenen Sohn eines andern stiehlt, so wird er getötet.*

d) Rudolf, der Schattenkönig von Burgund,
Ein Greis, der niemals Jüngling war noch Mann,
Erzitternd vor dem meisterlosen Trotz
Unbändiger Vasallen, wandt' er sich
An seiner Blutsverwandten mächtigsten,
An Kaiser Heinrich, der vordem geherrscht.
Damit er diesen sich verpflichtete
(Denn ohne Sprößling war der dürre Stamm)
Zum Erben des burgund'schen Königtums.
Doch Gottes heil'ger Ratschluß fügt' es so,
Daß Kaiser Heinrich zu den Vätern ging,
Indes der Greis noch auf dem Throne schwankt.
War Heinrich als des Deutschen Reiches Haupt
Thronerbe von Burgund, so tratest du,
Der neue Kaiser, in den Anspruch ein;
Schloß er als Blutsverwandter den Vertrag,
So blühte jetzt des Erbes Anwartschaft
Dem Schwesterenkel Rudolfs . . .
(Aus UHLAND, Ernst, Herzog von Schwaben.)

2. Wie sind nach früherer und nach heutiger Rechtssystematik die Tatsachen nachstehender Erzählungen zu bestimmen?

a) Marcus Claudius, Klient des Appius Claudius, ließ auf das Anstiften jenes Hauptes der Dezemvirn die Virginia, die Tochter des Centurionen Lucius Virginius, als Sklavin in Anspruch nehmen, weil sie angeblich das Kind einer seiner Sklavinnen sei. Gegen das Mädchen wurde auf offener Straße eine *in ius vocatio* vorgenommen. Von dem als *magistratus* urteilenden Appius wurde es gegen die Anträge der Verwandten dem Kläger zugesprochen. Der Vater aber stieß seiner Tochter das Messer in die Brust, um sie gewisser Schande zu entziehen. Es entstand Aufruhr und Anklage der Zehnmänner wegen Hochverrats, beendet durch ihre Verbannung und den Selbstmord des Appius im Gefängnis.

b) Im 9. Jahrhundert erschienen in Frankreich die pseudoisidorischen Dekretalen, nach der überwiegenden Meinung gefälschte Dokumente, angeblich aus der ältesten Zeit der Christenheit. — Ihr Inhalt war vor allem den Bischöfen günstig: Laien dürfen überhaupt Bischöfe nicht anklagen; das zuständige Gericht soll zwar die Synode des Metropolitanbischofs bilden, das Endurteil aber in allen Fällen dem Papste zustehen; ein gefangen gehaltener oder spoliierter Bischof kann vor der Restitution in seinen Bischofssitz nicht angeklagt werden.

c) Für die Mark und die Hohenzollern ist der wichtigste Tag ihrer älteren Geschichte der 18. April 1417, wo Kaiser Siegmund auf dem Markt zu Konstanz den Burggrafen Friedrich von Nürnberg feierlich belehnte, ihm die Fahne mit dem Wappen der Mark in die Hand gab und seine Huldigung als Kurfürst empfing.

d) Dem König Wilhelm I. wurde 1870 von Napoleon III. angesonnen: Er solle sich schriftlich entschuldigen, daß er dem Prinzen Leopold von Hohenzollern nicht von vornherein die Annahme der Kandidatur auf den spanischen Königsthron untersagt habe, und zugleich versprechen, daß, falls eine solche nochmals auftauche, er seine Einwilligung nie erteilen werde.

3. Der Dorfrichter Adam stellte der jungen Eva nach. Er fälschte einen Gestellungsschein, durch den Ruprecht, der Verlobte der Eva, angeblich zum Kriegsdienste nach Ostindien eingezogen werden sollte, und drang in das Zimmer des jungen Mädchens ein, unter dem Vorwande, dort ein befreiendes Krankheitsattest für den Ruprecht auszufertigen. Letzterer kam dazu; Adam sprang unerkannt durch das Fenster und zerbrach dabei einen der Mutter Martha gehörigen Krug. — Am folgenden Tage stellte Martha Klage auf Schadensersatz gegen den vermeintlichen Täter Ruprecht an, und der Richter Adam mußte unter den Augen des gerade das Gericht visitierenden Rates Walter die Sache verhandeln. Vergeblich suchte er das Zeugnis der Eva als gesetzlich unzulässig zu verhindern und den Verdacht der Tat auf einen andern abzulenken: er wurde von seinem Amte suspendiert. — Frau Martha aber behielt sich vor, *dem Kruge vor der Regierung sein Recht geschehen zu lassen.*

(Nach Kleist, Der zerbrochene Krug.)

Welche einzelnen Rechtsfragen sind in dieser Inhaltsangabe aufgeworfen? Was für verschiedenen Rechtsdisziplinen sind sie zuzuteilen?

III

1. Im bischöflichen Palaste in Bamberg. *Bischof* Wie sagtet Ihr, daß der Kaiser hieß, der Euer Corpus iuris geschrieben? *Olearius.* Iustinianus. *Bischoff.* Ein trefflicher Herr! Er soll leben! *Olearius.* Sein Andenken. *Abt.* Es mag ein schön Buch sein. *Olearius.* Man möcht's wohl ein Buch aller Bücher nennen; eine Sammlung aller Gesetze; bei jedem Fall der Urteilsspruch bereit; und was ja noch abgängig oder dunkel wäre, ersetzen die Glossen, womit die gelehrtesten Männer das vortrefflichste Werk geschmückt haben. *Abt.* Eine Sammlung aller Gesetze! Potz! Da müssen wohl auch die zehn Gebote drin sein. *Olearius.* *Implizite* wohl, nicht *explizite.* *Abt.* Das mein ich auch: an und vor sich, ohne weitere Explikation. *Bischof.* Alle Doctores iuris! *Olearius.* Ich werd's zu rühmen wissen. Wollte Gott, man spräche so in meinem Vaterlande. *Abt.* Wo seid Ihr her, hochgelehrter Herr? *Olearius.* Von Frankfurt am Main, Ihrer Eminenz zu dienen. *Bischof.* Steht Ihr Herrn da nicht wohl angeschrieben? Wie kommt das? *Olearius.* Sonderbar genug. Ich war da, meines Vaters Erbschaft abzuholen; der Pöbel hätte mich fast gesteinigt, wie er hörte, ich sei ein Jurist. *Abt.* Behüte Gott. *Olearius.* Aber das kommt daher: Der Schöppenstuhl, der in großem Ansehen weit umher steht, ist mit lauter Leuten besetzt, die der römischen Rechte unkundig sind. Man glaubt, es sei genug, durch Alter und Erfahrung sich eine genaue Kenntnis des inneren und äußeren Zustandes der Stadt zu erwerben. So werden nach altem Herkommen und wenigen Statuten die Bürger und die Nachbarschaft gerichtet.

(Aus GOETHE, Götz von Berlichingen.)

a) Welches ist, genau gesagt, der Inhalt des angepriesenen Rechtsbuches? Warum mußte Olearius der Frage des Abtes ausweichen?
b) Wie steht es mit den Erklärungen dunkler Stellen, von denen oben die Rede ist; welche Männer und aus welcher Zeit sind gemeint?
c) Seit wann bestand der geschilderte Rechtszustand in Frankfurt? In welcher Zeit änderte er sich? Wodurch wurde er abgelöst, und wie vollzog sich der Übergang?

2. Seit dem 1. Januar 1900 ist das einzige Gebiet in Europa, in dem das Corpus iuris civilis als Gesetzbuch noch Geltung hat: die Republik San Marino. Aber es bestehen daselbst auch eine große Anzahl von Einzelgesetzen als statutarische Rechtsquellen, die im Falle des Widerspruches dem römischen Rechte vorgehen.

Ähnelt nicht dieser Rechtszustand demjenigen im alten deutschen Reiche? Inwiefern besteht doch ein Unterschied?

3. *Patent wegen Publikation des neuen allgemeinen Landrechts für die Preußischen Staaten. Vom 5. Februar 1794.*

I. Das gegenwärtige allgemeine Landrecht soll an die Stelle der in Unseren Landen bisher aufgenommen gewesenen römischen, gemeinen Sachsen- und anderer fremden subsidiarischen Rechte und Gesetze treten; . . . II. Ebenso tritt dieses allgemeine Landrecht an die Stelle der über einzelne Rechtsmaterien von Zeit zu Zeit ergangenen allgemeinen Edikte und Verordnungen, welche bisher in allen Unseren Provinzen als gemeine Landesgesetze gegolten haben; . . . III. Die in den verschiedenen Provinzen bisher bestandenen besonderen Provinzialgesetze und Statuten behalten zwar vor der Hand noch ihre gesetzliche Kraft und Gültigkeit; dergestalt, daß die vorkommenden Rechtsangelegenheiten hauptsächlich nach diesen, und nur erst in deren Ermangelung nach den Vorschriften des allgemeinen Landrechts beurteilt und entschieden werden sollen.

Welches war das Verhältnis der hier genannten Rechtsquellen zueinander vor dem Jahre 1794? Und wie ist es damit nach jener Zeit bestellt gewesen?

IV

1. Ein römischer Jurist wurde gefragt: *Quid esset proletarius?* Er wußte es nicht. Der Fragende machte ihm Vorhalt, daß das Wort doch in den XII Tafeln vorkäme; er aber entgegnete: *Ego dicere atque interpretari hoc deberem, si ius Faunorum et Aboriginum didicissem. Sed enim cum „proletarii" ... evanuerint omnisque illa duodecim tabularum antiquitas ... consopita sit studium scientiamque ego praestare debeo iuris et legum vocumque earum, quibus utimur.* (Aus Gellius, Noctes Atticae.)

Ist diese Ansicht in der späteren und heutigen Rechtslehre durchgedrungen?

2. Zur Literaturgeschichte des römischen Rechtes.

Die rechtswissenschaftliche Richtung in Deutschland während des 17. und 18. Jahrhunderts nennt man *usus modernus pandectarum* (nach dem so betitelten Buche von Samuel Stryk, 1640—1710). Das dabei verfolgte Ziel gibt namentlich das Werk von Johannes Schilter, 1632—1705, wieder: *Praxis iuris Romani in foro Germanico. Opus quo ius Romanum ad principia iuris naturae et gentium civilisque prudentiae regulas exigitur, cum iure Germanorum eiusque genuinis principiis confertur, leges insigniores succincta paraphrasi enucleantur et ius quo utimur quove uti possumus observatis monitisque practicis explicatur.*

Im 19. Jahrhundert kam *die historische Rechtsschule* auf. Ihr Führer war Friedrich Karl von Savigny, 1779—1861. In seinem berühmten Werke *System des heutigen römischen Rechtes* nennt er als dessen Aufgabe: ... nur diejenigen Rechtsinstitute, welche römischen Ursprungs sind, jedoch mit Einschluß ihrer späteren Fortbildung, wenngleich diese auf einen anderen als römischen Ursprung zurückzuführen ist. Ausgeschlossen sind dadurch alle Institute, welchen ein germanischer Ursprung zugeschrieben werden muß. ... Ausgeschlossen wird: erstens die Geschichte der Rechtsinstitute als solche; zweitens jede einzelne, dem früheren Recht angehörende, dem justinianischen fremde Bestimmung; drittens jedes Institut, welches zwar dem justinianischen Recht angehört, aber aus unserem Rechtszustand entschwunden ist.

a) Worin stimmen nun jene Aufgaben überein, und in welcher Hinsicht unterscheiden sie sich?

b) Wie ist, in denselben beiden Richtungen der Frage, ihr Verhältnis zu dem *System des römischen Privatrechtes* nach dem heutigen Studienplan?

Erstes Buch.

Allgemeiner Teil.

V

1. Welche Privatrechtsverhältnisse liegen in folgenden Fällen vor?

a) Man verlangt in einem offenen Laden Zigarren, Papier, Handschuhe.

b) Jemand läßt sich in einem Barbiergeschäft rasieren und frisieren

c) Ein Arbeiter macht bei der städtischen Sparkasse eine Einlage von 30 ℳ. Für das dafür auf seinen Namen ausgestellte Sparkassenbuch werden ihm 25 ₰ berechnet.

d) Man läßt sich beim Schuhmacher ein Paar neue Schuhe anmessen; — oder gibt ihm ein Paar getragene Stiefel, um sie frisch zu besohlen.

e) Eine studentische Verbindung nimmt einen Diener an.

f) Ein Landwirt übernimmt eine fiskalische Domäne auf 18 Jahre.

g) Mehrere Studenten nehmen Fechtunterricht. Sie lassen ihnen gehöriges Fechtzeug in der Behausung des Fechtmeisters mit dessen Bewilligung, oder in dem der Universität gehörigen Gebäude, in dem geschlagen wird.

h) Zwei Mitglieder eines Rauchklubs geben einer Porzellanhandlung Auftrag, zwei nach näherer Angabe zu bemalende Pfeifenköpfe herzustellen, welche sie sich gegenseitig zur freundlichen Erinnerung zueignen wollen. Der Gastwirt, bei dem die Gesellschaft regelmäßig verkehrt, übernimmt es, die Pfeifen aufzubewahren und für ihre Instandhaltung zu sorgen.

i) Es frühstückt jemand in einer Bodega, in der glasweise portugiesischer und spanischer Wein verschenkt wird.

k) Ein Pianist leiht aus einer Musikalienhandlung Noten gegen wöchentliche Gebühr von 10 ₰ für das Heft.

l) Ein Gutsbesitzer leiht von der Landschaft 50000 ℳ und stellt diese Schuld durch Hypothek auf seinem Gute sicher.

m) In einer Leinenhandlung bestellt ein Herr ein Dutzend Hemden nach Maß.

n) Eine Dame läßt sich von einem Geschäftshause 8 Meter Kaschmir kommen und gibt sie einer Schneiderin zur Anfertigung des Kleides.

o) Jemand übernimmt es, ohne Vergütung die Ordnung der Erbschaft eines verstorbenen Freundes zu besorgen.

p) Man verlangt am Postschalter eine Briefmarke.

q) Es überweist jemand der Universität ein Kapital, dessen Zinsen zu Stipendien für Studierende verwendet werden sollen.

2. *Erneuertes gemeines Landrecht des Herzogtums Württemberg von 1610 T. II. T. 1:*

§ 1. Das Wort, Leyhen, würdt in Teutscher Sprach auff dreyerley weise gebraucht:

Denn zum Ersten würdt Geld, Wein, Korn, Eisin vnd anders, so gewägen, gezehlt, oder gemessen, vnd mit einem durchauß gleichen Ding zu bezahlen, gelihen: Der gestallt, daß es deß Entlehners aigen würdt, vnd derwegen er solches als sein aigen Gut nutzen, nüssen, verbrauchen, oder sonst hingeben vnd verändern mag. Vnd solches würdt in Lateinischer Sprach . . . . . . genannt.

§ 2. Am Andern, begibt sich, daß einer dem andern etwas ligends oder fahrends vergebenlich hinleihet, ein zeit lang also zugebrauchen, daß eben dasselbig gelihen Gut ohnverändert widerumb heimgegeben werden soll: Welches . . . . . . genannt würdt.

§ 3. Zum Dritten, so beschicht mehrmals, daß einer dem andern ein ligend oder fahrend Gut, umb ein gewiß Gelt oder Zinß, der gestallt verleihet, daß das verlihen Gut, nach außgang der zu solcher verleihung bestimpten Zeit, dem Leiher wiederumb zuzustellen. Vnd würdt dieser Contract auf Lateinisch . . . . . . genannt.

Es sind die in vorstehendem Abdrucke gelassenen Lücken auszufüllen und zu erläutern.

3. Welche Rechtsbegriffe haben nachstehend Anwendung gefunden?

a) Vielleicht seinen schönsten Schmuck hatte das alte Rom in der Menge und Schönheit seiner Wasserwerke. . . . Die große Wassermasse veranlaßte auch eine stetige Vermehrung der öffentlichen (durch die Niedrigkeit des Preises [$1\frac{1}{2}$ ₰] jedermann zugänglichen Badeanstalten. . . . Seit die Verwaltung der Leitungen im Jahre 11 v. Chr. kaiserlich geworden war, hörte nicht bloß die bis dahin übliche Entrichtung einer Miete für die Wasserbenutzung gänzlich auf, sondern es konnte auch jeder, ohne Rücksicht auf den Charakter seines Konsums die Erlaubnis erhalten, Wasser in sein Haus abzuleiten.

(Aus Friedländer,
Darstellungen aus der Sittengeschichte Roms.)

b) Trimalchio sah den Steinmetz Habinnas an und fragte: Willst du mir mein Grabmal aufrichten, so wie ich es dir befohlen habe? . . Ich werde in meinem Testament einen Freigelassenen über mein Grabmal setzen, daß der Pöbel es nicht beschmutze. . . . Auch bitte ich dich, mich auf dem Richterstuhl abzubilden, während ich aus einem Säckchen Gold unter das Volk werfe.

(Aus Petronius,
Das Gastmahl des Trimalchio, übers. von Heinse.)

c) Charmides, der in seinem Vermögen zurückgekommen war, vertraute den Rest seiner Habe und die Sorge für seinen Sohn und seine Tochter dem Kallikles an und schiffte sich nach Seleucia ein. In dem ihm gehörigen Hause hatte er einen Schatz verborgen und dies dem Kallikles mitgeteilt, der dem verschwenderischen Sohne davon nichts sagen sollte, damit die Tochter in jenen Wertstücken ein Heiratsgut behielte. Der Sohn Lesbonikus aber schrieb das Haus öffentlich zur Veräußerung aus. Nun erwarb es Kallikles selbst von ihm für 40 Minen in Barzahlung. — Lysiteles, der Sohn des Philto, eines reichen Bürgers, bewarb sich um jene Tochter und wollte sie ohne Mitgift heiraten. Da Lesbonikus das letztere unter keinen Umständen zugeben mochte, sondern lieber sein letztes Gut dafür zugunsten der Schwester hingegeben hätte, so nahm Kallikles einen fremden Menschen an, der gegen Belohnung sich für einen Boten des Charmides ausgeben sollte. Er hatte von diesem angeblich Briefe und Gold als Mitgift der Braut zu bringen, indessen Kallikles den Schatz ausgrub und das Heiratsgut diesem entnehmen wollte. Da kehrte Charmides zurück.

(Nach Plautus, Der Schatz.)

4. Es war eben die Zeit, wo die immer gefüllten Straßen das regste Treiben darboten. . . . Hier ließ der eilige Bauunternehmer durch Maultiere und Träger das Material zum eben übernommenen Akkordbau fortschaffen, . . . dort trieben eine Menge Herumträger einen armseligen Handel. Einige aus der Region jenseits der Tiber boten Schwefelfaden feil und nahmen auch wohl statt der Münze zerbrochenes Glaswerk in Tausch an; andere trugen gekochte Kichererbsen umher und verkauften davon der ärmsten Klasse das Gericht für ein As. . . . Dort sammelte sich die neugierige Menge um einen ägyptischen Gaukler, um dessen Hals und Arm sich vertraulich die giftigsten Schlangen wanden, hier stand ein Trupp und las das in großer Schrift an die Mauer eines öffentlichen Gebäudes gemalte Programm der nächsten Gladiatorenkämpfe. . . . Unterdessen hatte Chresimus für eine Barke gesorgt, freilich ohne vermeiden zu können, daß sie noch andere Gesellschaft aufnahm. . . . Daher verging denn noch fast eine Stunde, während der Schiffer von den Passagieren das Fährgeld einsammelte und gemächlich das Maultier anschirrte, das auf dem Damme nebenher die Barke ziehen sollte. . . . So langten die Reisenden jenseits der Sümpfe an, und wiewohl es in Terracina nicht an Mietwagen fehlte, die ihre Herren zum Dienste anboten, so zog Gallus vor, durch die unebene Gegend die Reise auf Maultieren fortzusetzen, die auch bald gesattelt bereit standen.

(Aus Becker, Gallus oder römische Szenen aus der Zeit Augusts.)

Was für Rechtsverhältnisse sind hier zu entdecken und wie sind sie juristisch zu bezeichnen?

5. Wie sind die kommenden juristischen Tatbestände nach Klasse und Art der Entstehungsgründe von Privatrechtsverhältnissen zu bestimmen?

a) Jemand meldet sich zum Eintritt in einen Verein; es erfolgt Abstimmung nach den Satzungen des Verbandes, und das Aufnahmegesuch wird genehmigt.

b) Ein Student kommt mit seinem Hauswirt in persönliche Streitigkeit und will ausziehen; allein jener legt Beschlag auf die eingebrachten Sachen des Mieters wegen rückständigen Mietgeldes.

c) Nach dem Tode des X. veräußert sein Bruder, als nächster Intestaterbe einige Erbschaftsgegenstände an Z. Dann wird ein bei Gericht hinterlegter letzter Wille des X. aufgefunden, nach welchem Y. Erbe sein soll. Z. beruft sich darauf, daß er schon über drei Jahre die fraglichen Sachen gutgläubig besessen und dadurch zu Eigentum erworben habe.

d) Nach einem Gesetz des Kaisers Konstantin v. 319 (l. 1 C. de bonis maternis 6, 60) soll der Vater am mütterlichen Vermögen des in seiner Gewalt stehenden Kindes die lebenslängliche Nutznießung haben. Es war indessen im gemeinen Rechte Deutschlands auch sehr gebräuchlich, daß durch Ehepakten oder durch Kodizill das gleiche Recht der Mutter für den früheren Todesfall des Vaters eingeräumt wurde.

e) Es wirft jemand nach einem Hunde und trifft aus Ungeschick ein Fenster des Nachbars.

f) Reichs-Haftpflichtgesetz vom 7. Juni 1871, § 1: Wenn bei dem Betriebe einer Eisenbahn ein Mensch getötet oder körperlich verletzt wird, so haftet der Betriebsunternehmer für den dadurch entstandenen Schaden, sofern er nicht beweist, daß der Unfall durch höhere Gewalt oder durch eigenes Verschulden des Getöteten oder Verletzten verursacht ist.

g) *L. Laelius iudex esto. Si paret Numerium Negidium, cum nauem exerceret, Auli Agerii res quibus de agitur saluas fore recepisse neque restituisse, quanti ea res est, tantam pecuniam, iudex, Numerium Negidium Aulo Agerio condemna, si non paret absolue.*

VI

1. Welche *actio* steht in nachfolgenden Fällen in Frage?

a) Ein Jäger hat sich einen Hund angeschafft, bleibt dann aber mit der Zahlung des Preises im Rückstand; — oder umgekehrt: er hat das Geld durch Postanweisung an die Züchtungsanstalt gesandt, das Tier wird jedoch nicht geliefert; — oder er erhält einen kranken und zum Jagen untauglichen Hund; — oder einen solchen, der dem Lieferanten gar nicht gehört hat, so daß nunmehr der wahre Eigentümer auftritt und das Tier von dem jetzigen Besitzer herausverlangt.

b) Es muß gegen einen Gutspächter im Prozeßwege vorgegangen werden, weil er den fälligen Pachtzins nicht pünktlich entrichtet.

c) Wegen Streitigkeiten mit dem Polier bleiben Maurergesellen von der an einem Neubau zu verrichtenden Arbeit einfach weg; der Meister will sie haftbar machen.

d) Anzeige: Glacé- und wildlederne Handschuhe werden auf das sauberste gewaschen; erstere auch schwarz gefärbt und letztere in der früheren Farbe wieder hergestellt. Nötige Ausbesserungen gelangen ohne weiteres zur Ausführung.

e) In einer Landstadt werden zur Zeit des Manövers Truppen bei den Bürgern einquartiert. Drei Soldaten kommen mit ihrem Quartierzettel vor ein verschlossenes Haus, dessen Eigentümer mit Familie gerade verreist ist. Sein Nachbar verpflegt jene Mannschaft einstweilen leihweise und möchte die aufgewendeten Kosten später gern zurückerstattet haben.

2. Wie sind die Ansprüche der nachstehend Beteiligten im Sinne des römischen Aktionensystems zu benennen?

a) A. hat dem B. brieflich versprochen, auf einer am Wohnorte des A. abzuhaltenden Versteigerung verschiedene näher bezeichnete Sachen bis zu jeweils angegebenem Höchstpreise zu erstehen; A. versäumt den Auktionstermin aus Vergeßlichkeit. — Oder: A. überschreitet das angesetzte Limit des B., in der sicheren Erwartung, daß dieser damit einverstanden sein werde.

b) In dem einen Teile eines Doppelhauses richtet der dortige Eigentümer eine Druckerei ein. Sein Nachbar beschwert sich über den dadurch verursachten übermäßigen Lärm und über die alles erträgliche Maß übersteigende Erschütterung des Hauses, die durch diesen Druckereibetrieb verursacht werde.

c) F. hat dem E. aus dessen Kommode eine dem E. gehörige Summe Geldes heimlich weggenommen. E. verlangt Ersatz.

d) Der Gastwirt Laub bestellte telegraphisch bei einer größeren Delikatessenhandlung seiner Nachbarstadt näher bezeichnetes Geflügel, Konserven und Südfrüchte. Den Schluß der Depesche bildeten die Worte: *Sendung notwendig mit zwei Uhrzug.* Am nächsten Tage erschien bei Laub ein Telegraphenbeamter und erklärte, daß für den angeführten Schlußsatz der Betrag für sechs Worte zu bezahlen wäre, und nicht, wie von Laub geschehen, nur für fünf. Laub verweigerte die geforderte Nachzahlung und wurde nun vom Telegraphenfiskus auf deren Erlegung verklagt.

3. Der Kaufmann Winterberger erscheint auf dem Bureau eines Rechtsanwaltes und trägt vor:

Seit beinahe einem Jahre wohnt bei mir Dr. Neb zur Miete. Er will demnächst ausziehen, schuldet mir aber noch 350 ℳ rückständige Hausmiete und 30 ℳ baren Vorschuß. Zu einem Anzuge hat er für 40 ℳ Kammgarnstoff aus meinem Laden entnommen. Ferner hat er mir gegen ein ihm antiquarisch überlassenes Konversationslexikon ein ihm entbehrliches Brehms Tierleben versprochen, aber nicht geliefert. Endlich habe ich neulich bei ihm zufällig ein Mikroskop gesehen, das ich vor längerem dem Lehrer Lipp geliehen hatte; Lipp ist bankerott und seit mehreren Wochen flüchtig. Ich bitte, den Dr. Neb zu verklagen.

Von welchen Ansprüchen ist hier die Rede, und welche technischen Benennungen führen sie im römischen Rechte?

4. An einer Privatlehranstalt, die bis zur Quarta des Gymnasiums vorbereitet, wurde zur Vertretung während eines halben Jahres ein Lehrer für Mathematik, Naturkunde und Geographie mit entsprechender Fakultät gesucht. Ein junger Philologe, namens Mell, stellte sich dem Dirigenten Creakle vor, und sie wurden unter der Bedingung von 100 ℳ monatlichen Honorars und freier Station einig. Aber schon am ersten Abend kamen sie wegen politischer Meinungsverschiedenheiten in Streit, in dessen Verlauf Creakle dem Mell eröffnete, er könnte gehen, wohin er wollte, von Einhalten des Vertrages wäre keine Rede.

a) Stand dem Mell gegen Creakle eine *actio* zu?

b) Wie verhält es sich damit bei dem nicht seltenen Kontraktbruche seitens der *Sachsengänger*, landwirtschaftlicher Arbeiter, die zur Sommerszeit, von Osten herkommend, auf Gütern der Provinz Sachsen Arbeit nehmen, und zwar auch gegen freie Unterkunft und Verpflegung nebst bestimmtem Wochenlohn in Geld?

5. Vor kurzem reiste eine Dame nach Brasilien vom Lehrter Bahnhofe in Berlin ab und überreichte einem Dienstmanne, der ihr bei der Gepäckbesorgung behilflich gewesen war, zur Belohnung einen Papierschein, der anscheinend das Bildnis des Präsidenten der Vereinigten Staaten trug und die Zahl 500 zeigte. Der Dienstmann, in dem Glauben, eine 500 Dollar-Note in der Hand zu haben, eilte freudig in ein benachbartes Kaufmannsgeschäft, um den ausländischen Schein gegen heimische Münze umzuwechseln. Der Kaufmann, der mit dem Papier gleichfalls nicht recht Bescheid wußte, gab vorläufig 20 ℳ. Später stellte sich heraus, daß das Papier über fünfhundert Reis lautete, brasilianischer Herkunft war und nach dem damaligen schlechten Kurse des brasilianischen Geldes einen Wert von etwa 65 ₰ hatte.

a) Was für ein Rechtsgeschäft lag zwischen Dienstmann und Kaufmann vor?

b) Welche *actiones* entsprangen daraus?

c) In welcher rechtlichen Beweisführung ist demnach die fragliche Angelegenheit zutreffend zu regeln?

6. Unter welche Arten juristischer Verteidigungsmöglichkeit fällt das nachstehende Vorbringen des Beklagten?

a) V. fordert Kaufgeld von K. wegen eines veräußerten Schrankes, dessen Abnahme und Zahlung K. jetzt verweigert. Der Beklagte entgegnet, daß er bei dem Handel ausdrücklich hinzu gesetzt habe: er wolle sich die Sache erst noch einmal überlegen; welche Sonderausmachung der Kläger in Abrede stellt.

b) M. verklagt den N. und dessen Ehefrau O., weil sie sich für ein Darlehen verbürgt hätten, das M. dem P., dem Bruder der mitbeklagten Ehefrau, gewährt hatte. Von seiten des N. wird erwidert, daß er bei der Unterschrift des Bürgscheines sinnlos betrunken gewesen sei; zudem stehe P. noch unter väterlicher Gewalt. Seine Ehefrau beruft sich auf die weiblichen Rechtswohltaten.

c) S. wird von C. wegen einer Darlehensschuld belangt, die er vor längerer Zeit bei G. aufgenommen hatte. C. hatte diese Forderung nach dem Tode des G. von dessen Sohn und Erben H. gegen Barzahlung des Betrages erworben. S. bringt vor, daß er gegen H. wegen einer ihm von diesem schuldhaft zugefügten Sachbeschädigung selbst noch eine Gegenforderung in halber Höhe seiner Darlehenschuld habe; übrigens sei H. seines Wissens noch minderjährig und könne deshalb rechtsgültig nichts veräußern; endlich mache er darauf aufmerksam, daß das Darlehen schon 1888 gegeben und erst 1919 eingeklagt worden sei.

d) X. hat ein ihm gehöriges Fahrrad dem Y. leihweise überlassen, aber in ganz verdorbenem Zustande wieder erhalten. Er gibt nun an, daß die Beschädigung von Y. und dessen, ihm persönlich unbekannten, Freunde Z. durch unverantwortlich fahrlässige Behandlung herbeigeführt worden sei; während beide das Vorhandensein einer Schuld auf ihrer Seite entschieden in Abrede stellen.

e) Einem Reisenden wurde in einem Gasthofe seine Brieftasche mit Papiergeld aus dem ihm angewiesenen Zimmer entwendet. Er behauptet, daß dieses sicherlich durch einen Angestellten des Wirtes geschehen sei, wogegen dieser einwirft, daß der Reisende selbst Schuld trage, da er das Zimmer unverschlossen und die Tasche offen auf dem Tische liegen gelassen habe.

7. Ein reicher Mann hatte eine beträchtliche Geldsumme, welche in ein Tuch eingenäht war, aus Unvorsichtigkeit verloren. Er bot öffentlich dem redlichen Finder eine Belohnung, und zwar von 100 Talern an. Da kam bald ein ehrlicher Mann dahergegangen. *Dein Geld habe ich gefunden. Dies wird's wohl sein! So nimm dein Eigentum zurück!* Der andere zählte das Geld und dachte unterdessen geschwinde nach, wie er den treuen Finder um seine versprochene Belohnung bringen könnte. *Guter Freund,* sprach er hierauf, *es waren eigentlich 800 Taler in dem Tuch eingenäht. Ich finde aber nur noch 700 Taler. Ihr werdet also wohl eine Naht aufgetrennt und die 100 Taler Belohnung herausgenommen haben.* Der ehrliche Finder versicherte, daß er das Päcklein so gefunden habe, wie er es bringe, und es so bringe, wie er's gefunden habe. Am Ende kamen sie vor den Richter.

(Aus Hebel, Schatzkästlein des rheinischen Hausfreundes.)

Wie ist das Verhalten des reichen Mannes als prozessuale Verteidigungsart zu bestimmen?

VII

1. Die Verbindung Acutia hat in dem *Kellerbräu* von dem dortigen Wirte Bergheim ein Zimmer als Vereinslokal auf ein Jahr gemietet und dieses mit Bildern und Fahnen dekoriert, sowie mit eigenen Möbeln ausgestattet. Nach einem halben Jahre verkauft Bergheim in Geschäftsbedrängnis seine Wirtschaft an den Restaurateur Hirnlos, der die Bewirtschaftung des *Kellerbräu* in unveränderter Weise fortsetzt, die Acutia aber nicht darin dulden will.

a) Kann er ihr die Tür weisen, — sei es vor Ablauf des Mietjahres oder nach ihm?

b) Auf welchem Wege Rechtens kann die Acutia die von ihr eingebrachten Bilder, Möbel usw. wiedererlangen?

c) Wie steht es in dieser Hinsicht mit Sachen, die der Privatmann Rössell, ein früheres Vereinsmitglied, ihr anvertraut und in ihrem Lokale niedergelegt hatte?

d) Wenn das erwähnte Mietjahr von allen Seiten ausgehalten worden wäre: wie hat alsdann die Regelung der Mietgeldzahlung zu geschehen?

2. A. und B. sind Eigentümer zweier aneinander gebauter Villen, zwischen denen und der Straße jeweils ein Vorgarten von 15 Meter Breite sich befindet. Sie schließen einen Vertrag dahin, daß sie diese Vorgärten stets in entsprechender Weise als Ziergärten halten wollen und bestärken ihr Versprechen durch Festsetzung einer Strafe für den Vertragsbruch. A. vermietet bald darauf sein Haus an den C.; B. veräußert das seinige an den D., der es dem E. vermietet. E. verwüstet seinen Garten und legt einen Bleichplatz an.

Kann nicht A. oder C. hiergegen juristisch vorgehen?

3. Der Gerichtsrat R. vermißte, als er eines Abends die Weinstube W. verlassen wollte, seinen neuen Winterüberzieher, fand aber an dessen Platz einen Mantel, in dessen Tasche sich

Schriftstücke des ihm bekannten Malers K. befanden. R. wunderte sich zwar, den K. nicht bemerkt zu haben, nahm aber einstweilen dessen Mantel mit sich. Am andern Tage klärte es sich dahin auf, daß K. gar nicht in jener Weinstube, sondern im Kaffeehause Z. gewesen, und ihm dort sein Mantel gestohlen worden war. Der Dieb hatte diesen dann mit dem noch besseren Überzieher des R. in der Weinstube vertauscht.

Welche Rechtsverhältnisse und Ansprüche stehen in Frage?

4. Ein Holzhändler hatte Bäume in einem Walde vom Eigentümer des Waldes gekauft. Er war mit dem Verkäufer durch den Forst gegangen und hatte die Bäume, über die sie einig wurden, mit dem Holzhammer angeschlagen und auf ihnen mit Farbe die Zeichen seiner Firma anmalen lassen. Hierauf war der Preis von ihm dem Verkäufer übermittelt worden. Der letztere meldete jedoch tags darauf seinen Konkurs bei dem Amtsgericht an.

Wie ist nun die Rechtslage des Händlers, und was für rechtliche Wege kommen für ihn in Frage?

5. Ein Erzgauner von bodenloser Frechheit ist Ludwig Swietly, ein berüchtigter Einbrecher, der wegen eines schweren Diebstahles von Wertpapieren über 30 000 ℳ, verübt an einem Kaufmann Hauser, zu acht Jahren Zuchthaus verurteilt wurde, ohne daß man des gestohlenen Geldes habhaft werden konnte. Mit helfenden Hehlern gelang es ihm, in Frauenkleidern mittels eines bereit gehaltenen Wagens nachts aus dem Zuchthause zu entkommen und die belgische Grenze zu erreichen; worauf er von Antwerpen aus an den Bürgermeister seines Heimatortes 1000 ℳ in Gold als Spende für die Ortsarmen sandte *anläßlich seiner glücklich durchgeführten Flucht.*

Da das Geld zweifellos aus der dem Hauser gestohlenen Summe herrührt, so fragt es sich, ob dieser erfolgreich mit dem Bürgermeister um die 1000 ℳ prozessieren kann, und wie darüber begründet zu befinden ist?

VIII

1. Wie sind folgende Vereinigungen nach Grundsätzen des römischen Privatrechtes juristisch zu bestimmen? Und wer ist dabei das berechtigte und verpflichtete Subjekt?

a) In dem Städtchen A. hat sich ein geselliger Verein *Concordia* gebildet; hat Statuten errichtet, wonach die Mitglieder nach bestimmten Regeln ein- und austreten, die Vereinigung einen Vorstand wählt, der ihre Angelegenheiten verwaltet, die Mitglieder ein gewisses Eintrittsgeld und monatliche Beiträge zahlen. Zugleich ist in den Statuten bestimmt, daß zur Herstellung eines Gesellschaftshauses ein Garten angekauft und darin ein Gebäude errichtet, zur Beschaffung der Mittel aber von der *Concordia*, unter Verpfändung dieses Grundstückes, ein Kapital erborgt werden soll.

b) Eine Schulklasse macht einen mehrtägigen Ausflug in das Gebirge, mit gemeinsamer Kasse, die unter Aufsicht des Lehrers von einem bestimmten Schüler verwaltet wird.

c) Von einem Buchhändler wird ein Lesezirkel eingerichtet: Jeder der 26 Teilnehmer zahlt jährlich 10 ℳ und erhält dafür wöchentlich zwei neuerschienene Bücher zur Lektüre; die durchgelaufenen Werke werden am Schlusse unter den Teilnehmern versteigert.

2. Welche Personen sind in nachstehenden Rechtsfragen beteiligt?

a) Eisentraut hatte bei einem Amtsgerichte Wertpapiere zwecks einer ihm auferlegten Sicherheitsleistung hinterlegt. Jetzt tritt Schmulau auf und behauptet, daß jene Papiere sein Eigentum und von ihm dem Eisentraut anvertraut gewesen seien. Da das Amtsgericht die Herausgabe weigert, so wird es von Schmulau verklagt.

b) Im Jahre 1897 veröffentlichte der Orientalist Oppert eine interessante Arbeit über die Vermögensverhältnisse eines chaldäischen Gottes der Stadt Sippara am Euphrat, Samas, d. i. des Sonnengottes. Die Priestergenossenschaft, die die Geschäfte des Gottes betrieb, vermochte sich lange Zeit zu halten und ihre Operationen mit Glück durchzuführen. Sie lieh Geld zu einem sehr hohen Prozentsatz aus. Gott Samas war Grundbesitzer. Er verpachtete seine Ländereien und erhielt für ein Pachtgut eine gewisse Anzahl von Tonnen Getreide. Auch kaufte er Sachen, die man ihm nicht als Geschenke verehrte, und verkaufte sie mit Nutzen weiter.

3. Wie sind die hiernach aufgeführten Zuwendungen juristisch zu behandeln?

a) Einem städtischen Hospital- und Krankenhaus wird in einem Testamente ein Kapital von 12000 ℳ zur Gründung zweier Freistellen ausgesetzt; sowie ferner ein Betrag von 1800 ℳ zu dem Behufe bestimmt, daß die jährlichen Zinsen davon den Inhabern dieser zwei Freistellen zu gleichen Teilen als ein kleines Taschengeld gezahlt werden sollen.

b) Die am 5. Dezember 1793 verstorbene Prinzessin Henriette Amalie von Anhalt, die jüngste Tochter des *Alten Dessauers*, bestimmte in ihrem, am 17. März 1772 errichteten Testamente:

Wir verordnen und wollen demnach, daß auf unseren in Gottes Händen stehenden Todesfall die Kranken und Armen im Fürstenthum Anhalt Deßauischen Antheils Unsre Erben seyn sollen, weshalb Wir selbige als *Universal* Erben Unseres sämmtlichen Vermögens hiermit *instituiren* und einsetzen, dergestalt, daß diese Unsre *Universal* Erben nach Unserer Vorschrifft und *Institution* Unser sämmtliches Vermögen, es bestehe in Baarschafft *Juwelen*, Gold Silber *Obligationes* Wechsel beweglichen und unbeweglichen Güthern, es habe Nahmen wie es wolle, nichts davon ausgenommen, als dasjenige, worüber Wir besonders *disponiren* werden, ererben sollen; Jedoch wollen und verordnen Wir daß das *Consistorium* zu Deßau für die von Uns als *Universal* Erben *instituirte* Krancken und Arme, die Verwaltung und *Administration* Unserer Nachlassenschafft übernehmen soll. Zu welchen Ende wir eine besondere Vorschrifft für Unsere *instituirten Universal* Erben .. in ein besonderes *Codicill* und *Legaten* Buch eingeschrieben haben, worinnen für die von Uns *instituirten Universal* Erben diejenigen Vorschrifften enthalten, nach welcher der Besitz und die Verwaltung Unserer Nachlaßenschafft besorget werden soll ... Zu welchen Ende Wir folgende Personen als *Executoren* Unseres *Testaments* und zur Verwaltung Unserer Nachlaßenschafft hiermit ernennen, nehmlich den zeitigen und jedesmaligen Herrn *Superintendenten* zu Deßau, und den zeitigen und iedesmahligen Herrn Regierungs *Praesidenten* zu Deßau und den Herrn von R., *Capitular* . . . auch Herr Hofrath P. zu Deßau . . . Wenn der Herr *Capitular* von R. oder Herr Hofrath P. mit Tode abgehen, alsdann die übrigen *Executoren*, iederzeit an des einen oder des andern Stelle einen Rechts Gelehrten zum Vierten *Executor* wählen und Sr. des regierenden Fürsten *Confirmation* darüber nachsuchen sollen; . . außer denen auch zugleich die Juristen *Facultaet* auf der *Universitaet* zu Halle und die Juristen *Facultaet* auf der *Universitaet* zu Leipzig iedesmahlige Mit *Executoren* Unserer letzten Willens Verordnung seyn sollen . . . Hiernächst Wollen und verordnen wir hierdurch, daß diese Unsere Stiftung den Nahmen Amalien-Stiftung haben, führen und beständig behalten soll . . .

c) Der Landrichter C. in Wiesbaden erbte von seinem Oheim D. in Miltenberg eine wertvolle Besitzung mit einer nach Art mittelalterlicher Burgen gebauten Villa, die namentlich auch eine Sammlung kulturgeschichtlich interessanter Gegenstände barg. Ein Nachtrag zu dem Testamente des D. enthielt lediglich die kurze Bestimmung: *Mein Neffe und Erbe C. soll verpflichtet sein, an jedem Wochentage von 9—11 Uhr vormittags die Sammlungen des Schlosses und den Park allen anständigen Besuchern zu öffnen.*

d) In Schilda hatte vor längeren Zeiten ein begüterter Einwohner letztwillig ein Kapital ausgesetzt, aus dessen Erträgnissen der jeweilige Schultheiß des Ortes allmorgendlich eine Anzahl frischer Semmeln geliefert erhielt. Erst nach vielen Jahren kam ein durchreisender Fremder dahinter, daß diese auffällige Stiftung zwar buchstäblich auf jenes Testament sich stützte, dessen Sinn aber freilich arg verfehlt hatte. Die guten Leute hatten *Schulz-Wecke* gelesen, während es *Schul-Zwecke* hieß.

4. Hat Sigismund dem Handwerke derer Wollen Zeug- und Raschmacher, zu einer Montur-Lieferung, welche dieses Handwerk unternommen tausend Thaler gegen einen Schuldschein dargeliehen, so folgendergestalt unterschrieben worden: *Das Handwerk der Zeug und Raschmacher, Johann, Gotfried, George, allerseits Ober- und Handwerksmeister,* in welcher Urkunde alle für einen und einer für alle *im Nahmen des Handwerks* gelobet an Sigismunden die obgedachte Summe auf Ostern 1756. zu bezahlen, indem aber das Handwerk immer um Nachsicht gebethen, so hat sogar neuerlich dasselbe dem Gläubiger zu wissen gethan: wo er nicht einen Erlaß thun und 66. für hundert nehmen würde, die Zunft sich nach dem Banquerutirer Mandate anzugeben sich genöthigt sähe, weil ihre gemeinschaftlichen Güther zu einen mehrern nicht hinreicheten, wannenhero: Ob das Handwerk der Raschmacher Sigismunden zu Annehmung eines Accords nöthigen könne, oder ob nicht vielmehr sämtliche noch lebende Meister einer für alle und alle für einen aus ihrem eigenen Vermögen die Schuld zu bezahlen verbunden? zu wissen begehrt wird.

Sind nun verschiedene von denen Meistern des Raschmacher Handwerks, so den Schuldbrief damals unterschrieben, nachhero mit Tode abgegangen, deren Erben zum Teil dem Handwerke nicht mehr beygethan, andere aber ganz neue Mitglieder in die Zunft eingetreten, wannenhero: Ob die Erben derer verstorbenen Meister, sie mögen das Handwerk selbst annoch treiben oder nicht, ingleichen die ganz neuen Mitglieder, die Schuld, und zwar einer für alle und alle für einen zu bezahlen schuldig? die Frage entstehet.

(Aus Hommel, Rhapsodia quaestionum in foro quotidie obvenientium neque tamen legibus decisarum.)

5. Eine Gemeinde war in einem Prozesse gegen den benachbarten Gutsbesitzer rechtskräftig verurteilt worden, einer angemaßten Weidegerechtigkeit auf Feldern des letzteren sich zu enthalten, bei Meidung von 100 ℳ Strafe für jeden Übertretungsfall.

Nun haben zwei Bauern, die Mitglieder jener Gemeinde sind, ihnen gehörige Schafe auf jenen Feldern weiden lassen.

Es fragt sich: ob diese beiden jeweilig oder sie zusammen die

100 ℳ Strafe bezahlen müssen; — oder ob die Gemeinde an ihrer Stelle hafte; — oder ob alle drei Personen in Anspruch genommen werden können?

6. In der Gemarkung der gegenwärtig aus 54 Mitgliedern bestehenden Gemeinde Förtha ist eine Waldung, die den Namen des *Gemeindewaldes* hat, aus deren Ertrag seither gewisse Bedürfnisse und Ausgaben der Gemeinde bestritten worden sind, während der etwaige Überschuß in 29 Teile zerlegt und an 29 altangesessene Hauseigentümer verteilt wurde. Diese sogenannten Neunundzwanziger, die also immer durch das jeweilige Eigentum eines bestimmten Gehöftes bezeichnet wurden, hatten früher die Gemeinde im engeren Sinne gebildet und waren allein in Gemeindeangelegenheiten stimmberechtigt und wahlfähig gewesen. Durch die neuere Verwaltungsgesetzgebung des betreffenden Bundesstaates sind jene Vorrechte aufgehoben worden. Es genießen nunmehr alle Ortseingesessene das volle Ortsbürgerrecht.

Seitdem bestehen Streitigkeiten zwischen den Neunundzwanzigern und den übrigen Gemeindegliedern, indem jene den Gemeindewald für ihr Privateigentum, letztere aber als Eigentum der Gemeinde ansprechen. Es soll nun auf Anerkennung dieses Gemeindeeigentums geklagt werden, und es fragt sich, wer sich bei diesem Streite eigentlich gegenübersteht.

Im einzelnen also:

a) Wer hat als berechtigtes Subjekt aufzutreten?

b) Gegen wen ist die Klage zu richten?

c) Von wem ist der Beschluß zur Erhebung des Prozesses zu fassen? Und wer hat einen hierfür anzunehmenden Rechtsanwalt zu bevollmächtigen?

IX

1. Verwandtschaft und Schwägerschaft.

Es ist der umstehende Stammbaum durchzugehen und sind danach folgende Fragen zu beantworten:

a) Wie sind die einzelnen in dem Stammbaume angegebenen Personen jeweilig miteinander verwandt oder verschwägert: — in welchem Grade — voll- oder halbbürtig — einfach oder mehrfach — agnatisch oder kognatisch?

b) Wie viele *familiae* sind vorhanden? — Welche Personen sind *sui iuris?*

c) Wie würde jeder einzelne im umstehenden Stammbaume nach nov. 118 *ab intestato* beerbt werden?

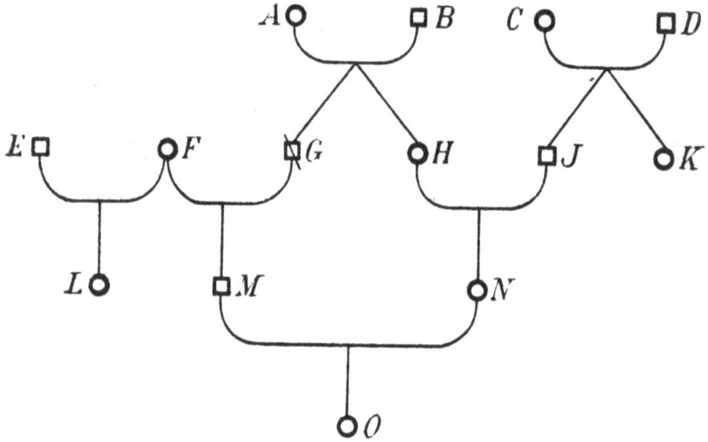

2. Juristische Rätsel.

a) Dieses Menschen Vater ist meines Vaters einziger Sohn, wie ist er mit mir verwandt?

b) Auf einem alten Klostergemälde stehen zwei Frauen; jede hat ein Kind auf dem Arme, darunter steht:

Diese Kind sind unsere Kind,
Ihre Väter unsere Brüder sind.
Und dieses doch in rechter Eh':
Nun rathe, wie die Sippschaft steh'!

c) Eine junge Dame fällt einem Herrn um den Hals und küßt ihn. Zur Rede gestellt, erwidert sie: Es ist ja seine Mutter meiner Mutter Schwiegermutter. Wie ist die Verwandtschaft?

d) Es sind zwei leibliche Brüder, und doch ist der eine um zwei Grade näher mit mir verwandt, als der andere. Wer ist es?

e) Zwei Männer begegneten zwei Frauen, die sprachen zusammen da kommen unsere Männer, unsere Väter und unserer Mütter Männer. Wie sind sie verwandt gewesen?

f) Meines Vaters Stiefmutter war auch meiner Schwiegermutter Stiefmutter. Wie war das Verwandtschaftsverhältnis?

g) Aus Simrock, Das deutsche Rätselbuch:

Zwei Väter und zwei Söhne
Schossen drei Hasen schöne,
Ein jeder hat einen ganzen
Getragen in seinem Ranzen.

h) Grabschrift.

Hier ruhen sechs Personen,
Zwei Großmütter mit ihren zwei Enkelinnen,
Zwei Ehemänner mit ihren zwei Eheweibern,
Zwei Väter mit ihren zwei Töchtern,
Zwei Mütter mit ihren zwei Söhnen,
Zwei Jungfrauen mit ihren zwei Müttern,
Zwei Schwestern mit ihren zwei Brüdern,
Zwei Stiefsöhne mit ihren zwei Stiefvätern,
Zwei Stiefenkelinnen mit ihren zwei Stiefgroßvätern,
Zwei Schwiegermütter mit ihren zwei Schwiegertöchtern.

3. Wie sind folgende Fälle verwickelter Verwandtschaft zu entwirren?

a) Ein Zeuge wird gefragt, ob er mit der Angeklagten verwandt sei. *Ja,* sagte er, *der Frau Hoffmann ihr Mann sein Bruder ist mit einer Schwester von meiner Frau verheiratet.* Man verstand ihn nicht. *Nun ja, ich habe eine Schwester von der Frau zur Frau, mit der ein Bruder von der Frau Hoffmann ihrem Mann verheiratet ist.* Es blieb unklar. *Also die Schwester von meiner Frau hat einen Mann zum Mann, der der Bruder von der Frau Hoffmann ihrem Mann ist.* Wie war die Sache nun eigentlich?

b) Bei W. O. v. Horn, Ein Stücklein von der Mosel, beschreibt der Erzähler eine Verwandtschaft also: Mein Vetter Stoffel ist der Stiefsohn der Schwägerin der Frau meines Onkels Peter.

c) Fürst Gebhard Blücher von Wahlstatt, der Enkel des Marschalls Vorwärts, war zweimal Witwer. Zum dritten Male heiratete er, mit beinahe 60 Jahren, die 18jährige Prinzessin Wanda Radziwill. Aus dieser Ehe gingen drei Kinder hervor. Dann aber heiratete Graf Lothar Blücher von Wahlstatt, der einzige Sohn zweiter Ehe des Fürsten, die Prinzessin Luise Radziwill, eine ältere Schwester seiner Stiefmutter.

4 Es gibt eine Stadt mit Namen Prabhāvatī. Dort war ein König mit Namen Pradyumna. Dessen Königin hieß Prītikarī, seine Tochter Candraprabhā, und diese wurde von Vijayabala, dem Fürsten des Dekhan, geheiratet. Diesem wurde eine Tochter namens Lāvanyavatī geboren. Auf die Stadt dieses Vijayabala wurde von seinen Verwandten zur Nachtzeit ein Überfall gemacht. Vijayabala sprach zu seiner Frau: *Liebe, geh' mit der Tochter fort; ich werde nach Vernichtung der Feinde nachkommen.* Als sie dies gehört hatte, ging sie mit der Tochter fort. Dann fand ein Kampf mit dem Vijayabala statt; von den Feinden wurde Vijayabala im Kampfe getötet und starb. Mutter und Tochter kamen auf ihrer Wanderung zu einem schönen Teiche. Nachdem sie dort einen Augenblick geruht hatten, gingen sie bei Aufgang der Sonne weiter.

Damals ging aus Kusumapura ein König mit seinem Sohne auf die Jagd. Der Sohn sah eine mit guten Zeichen versehene Fußspur und sprach: *Vater, vorn geht eine Königin mit ihrer Tochter.* Da sprach der König, nachdem er hingesehen hatte: *Sohn, eine hat lange Füße, eine kurze Füße; die, die lange Füße hat, soll meine Frau werden, die mit kurzen Füßen deine.* Nachdem sie sich so entschieden hatten, gingen sie vorwärts. Die wurden von ihnen gefragt; aus Furcht erzählten sie ihnen die ganze Geschichte. Der König sprach: *Sie sind aus gleicher Kaste; das Geschick hat gesprochen.* Die kurzfüßige war die Mutter, die langfüßige die Tochter. Der König sprach: *Sohn, ich nehme die langfüßige.* Die kurzfüßige wurde vom Sohne genommen. Sie wurden von ihnen auf den Rücken der Pferde gehoben, in ihre Stadt geführt und im Frauengemach untergebracht. Im Laufe der Zeit bekamen Mutter und Tochter Kinder, die eine gebar einen Sohn, die andere eine Tochter; beide wurden miteinander verheiratet.

Nachdem der Vatāla diese Geschichte erzählt hatte, sprach er: *König, sage! Wie ist die gegenseitige Verwandtschaft?* Da gab der König Vikramasena keine Antwort.

(Die Vetâlapañcavinçatikâ in den Rezensionen des Çivadâsa und eines Ungenannten hrsg. v. Uhle, Erzählung XXIV.)

5. U. erzählt: Ich heiratete vor mehreren Jahren eine Witwe W., die eine erwachsene Tochter X. hatte. Mein Vater V., seit längerem verwitwet, besuchte uns oft; verliebte sich in X. und heiratete sie. So wurde mein Vater mein Schwiegersohn und meine Stieftochter meine Mutter. Nach einem Jahre bekam meine Frau W. einen Sohn Y. Dieser wurde somit meines Vaters Schwager und mein Onkel, denn er war der Bruder meiner Stiefmutter. Meines Vaters Frau X. bekam auch einen Sohn Z. Er war natürlich mein Bruder und gleichzeitig mein Enkel, denn er war der Sohn meiner Tochter. Meine Frau war nun meine Großmutter, denn sie war meiner Mutter (Stiefmutter) Mutter. Ich war also meiner Frau Mann und gleichzeitig ihr Enkelkind. Da nun der Mann der Großmutter — Großvater heißt, so war ich mein eigener Großvater.

Ist diese Darlegung korrekt; — oder worin liegt ein Fehler verborgen?

X

1. Thomas Morus berichtet in seiner Schilderung der Insel *Utopien*×, daß die schmutzigen und niedrigen Arbeiten dortselbst vorzugsweise von Sklaven besorgt werden, und teilt über diese folgendes mit:

× Libellus vere aureus nec minus salutaris quam festivus de optimo rei publicae statu deque nova insula Utopia autore clarissimo viro Thoma Moro (1516).

Pro servis neque bello captos habent nisi ab ipsis gesto, neque servorum filios, neque denique quemquam, quem apud alias gentes servientem possent comparare, sed aut si cuius apud se flagitium in servitium vertitur, aut quos apud exteras urbes (quod genus multo frequentius est) admissum facinus destinavit supplicio. Eorum enim multos, interdum aestimatos vili, saepius etiam gratis impetratos, auferunt. Haec servorum genera non in opere solum perpetuo, verum etiam in vinculis habent, sed suos durius, quos eo deploratiores ac deteriora meritos exempla censent, quod tam praeclara educatione ad virtutem egregie instructi contineri tamen ab scelere non potuerint. — Quodsi sic habiti rebellent atque recalcitrent, tum demum velut indomitae belluae, quos coercere carcer et catena non potest, trucidantur. At patientibus non adimitur omnis omnino spes; quippe longis domiti malis si eam poenitentiam prae se ferant, quae peccatum testatur magis eis displicere quam poenam, principis interdum praerogativa interdum suffragiis populi aut mitigatur servitus aut remittitur. — Aliud servorum genus est, quum alterius populi mediastinus quispiam laboriosus ac pauper elegerit apud eos sua sponte servire. Hos honeste tractant, ac nisi quod laboris utpote consuetis imponitur plusculum, non multo minus clementer ac cives habent, volentem discedere (quod non saepe fit) neque retinent invitum neque inanem dimittunt.

Es ist augenfällig, daß der Dichter sich hierbei an das römische Recht angelehnt, es aber sehr frei benutzt hat. Es erhebt sich daher die Frage: Welche Rechtssätze über Entstehung und Endigung der Sklaverei finden sich im obigen aufgestellt? Und wie verhalten sie sich zu der entsprechenden Lehre des römischen Rechtes.

2. Ein Dispensator× des im Jahre 39 v. Chr. verstorbenen Calvisius Sabinus fiel bei einem an den Cycladen erlittenen Schiffbruche in die Hände dortiger Fischer, die ihn in ein Sklavenarbeitshaus verkauften, wo er gebrandmarkt wurde. Nochmals gelang es ihm, zu entfliehen und Rom wieder zu erreichen.

a) Welches war nunmehr seine rechtliche Lage?

b) Was für Rechtsfolgen würde es gehabt haben, falls Calvisius Sabinus selbst das oben erwähnte Schicksal erlitten hätte? Oder: wenn dieser nach seiner Aufgreifung durch die Räuber von diesen ermordet worden wäre?

3. Die ergreifende Schilderung, welche Harriet Beecher-Stowe in ihrem berühmten Buche *Onkel Toms Hütte* von dem Negerleben in den Sklavenstaaten von Amerika gegeben hat, vermag nicht nur für den Sozialpolitiker von einem weiten Interesse

× Cf. l. 166 D. de V. S. (50, 16). — S. auch den interessanten Rechtsfall in l. 62 D. de solutionibus (46, 3); in Verbindung mit l. 51 eod.

und von fruchtbarer Anregung in mannigfacher Richtung zu sein, sondern kann auch dem Rechtshistoriker und dem in Rechtsvergleichung arbeitenden Juristen mancherlei Daten zu nachdenklicher Erörterung liefern.

Man nehme beispielsweise folgende Einzelheiten aus jenem Buche:

Der Neger Tom, ein ruhiger, arbeitsamer und frommer Mann, genoß das Vertrauen seines Herrn so sehr, daß er von ihm oft in entfernte Städte zum Abschlusse von Geschäften, auch zur Einkassierung von Geld gesandt wurde. — Allerdings bestand damals das amerikanische Gesetz, wonach auch aus nicht sklavenhaltenden Staaten jeder Sklave dem fordernden Eigentümer ausgeliefert werden mußte; — was manche Eigentümer durch Einbrennen ihres Namenszuges in den Körper des Sklaven zu sichern suchten. — Tom lebte mit seiner Frau und mehreren Kindern jahrelang in einer Hütte auf der Farm seines Herrn, der auch nicht duldete, wie sonst vielfach geschah, daß die Sklaven ihre Weiber verließen und sich zu anderen gesellten; — aber sein Herr geriet in finanzielle Bedrängnis, so daß die Vermietung seiner Sklaven an benachbarte Fabriken nicht mehr genug einbrachte; — so verkaufte er Tom an einen Sklavenhändler, — durch schriftlichen Vertrag, zu dessen Gültigkeit noch die Unterschrift eines Zeugen nötig war, — und übergab ihn, von Frau und Kindern ihn wegreißend, dem Käufer. — Der Händler verkaufte ihn an einen reichen Franzosen in New Orleans, in dessen Hause die Sklaven in sehr verschiedenem Range lebten und gut behandelt wurden; — wobei der Herr Verletzungen seiner Sklaven durch Dritte als Beleidigung seiner selbst aufnahm; — er war auch im Begriffe, ihnen die Freiheit zu geben, hatte aber die gesetzlichen Förmlichkeiten (Errichtuug einer Urkunde vor der Behörde) noch nicht gemacht, als er starb. — Tom wurde auf eine Plantage in Louisiana verkauft, an einen grausamen Herrn, in härteste Arbeit, nachdem man ihm alle seine Ersparnisse, sowie Kleider und Wäsche einfach weggenommen; — er wurde in willkürlicher Roheit mißhandelt, gemartert und zu Tode geschlagen. — Sein alter Herr, der ihn zurückkaufen wollte, kam zu spät; er nahm den Leichnam — jetzt natürlich unentgeltlich — und bereitete ein feierliches Begräbnis. — Die Südstaaten sahen damals den Schritten gegen den Sklavenhandel sehr ruhig zu, da sie erklärten, daß sie von ihren Sklavinnen — die sie auch beliebig zur Prostitution mißbrauchten — nach Art der Tierjungen ihre Sklaven selbst züchten könnten.

Es fragt sich nun:

Wären diese einzelnen Vorkommnisse auch unter der Herrschaft des römischen Rechtes zulässig gewesen? Nahm dieses vielleicht bei den hier auftauchenden Fragen in den verschiedenen

Perioden seiner Geschichte eine wechselnde Stellung ein? Welche Ähnlichkeiten oder Unterschiede weist es dabei von den angeführten amerikanischen Gesetzen auf?

---

4. Welches ist die Rechtsstellung nachstehender dritter Personen hinsichtlich der Geschäfte der jeweils endgültig Beteiligten?

a) Es verzieht jemand nach einem neuen Wohnort und bittet einen dortigen Bekannten, ihm eine Wohnung näher angegebener Beschaffenheit zu mieten.

b) Ein Handwerksmeister schickt einen Lehrling mit quittierter Rechnung zu einem Kunden, um von diesem Bezahlung zu erbitten; — oder: er sendet seinen Geschäftsführer mit offener Rechnung und der Befugnis, sie gegebenenfalls zu quittieren.

c) Jemand erteilt einem Rechtsanwalte Vollmacht zur Klagerhebung gegen einen säumigen Schuldner.

d) Bei einem gemeinsamen Ausfluge nimmt der eine Teilnehmer einstweilen alle Fahrkarten für die Eisenbahnfahrt.

e) Um einen Dienstboten zu mieten, wendet man sich an ein Gesindevermietungsbüro, welches sich meldende Bewerber der suchenden Herrschaft zur Vorstellung sendet.

f) Der Hausdiener des Gasthofes besorgt Gepäckstücke eines Reisenden an den Bahnhof.

g) Es stellt sich bei einem Privatmanne ein Weinreisender vor, der Aufträge für seinen Prinzipal in Empfang nehmen und vermitteln will.

h) Zwei Kontrahenten kommen dahin überein, daß die Höhe des Kaufpreises in dem zwischen ihnen schwebenden Handel von einem unparteiischen Dritten bestimmt werden soll.

i) Eine täglich erscheinende Zeitung wird gegen Zuschlag zum Bezugspreise von der Expedition den Abonnenten in das Haus durch Austräger zugestellt; — oder: die Zeitung wird durch die Post bezogen und von dieser mit den Briefschaften dem Abonnenten übermittelt.

k) Ein Dienstmädchen wird ausgeschickt, um eine Droschke zu holen, in der es in üblicher Weise nach der Wohnung der Herrschaft gleich mitfährt.

l) Bei einem Pferdemetzger läuft aus Stockholm eine briefliche Anfrage über etwaige Lieferung von Pferdefleisch ein. Er läßt sich von einem Sprachlehrer das Schreiben aus dem Schwedischen übersetzen und zugleich eine, inhaltlich von ihm angegebene, Antwort in jener Sprache entwerfen.

5. Ein Bierfahrer, der bei einer Brauerei etwa drei Jahre beschäftigt gewesen war, forderte nach seinem Abgange aus dem Dienste das von ihm als Kaution hinterlegte, über 372 ℳ lautende Sparkassenbuch zurück, ferner noch einen Betrag von 60 ℳ für Provision usw. Er wurde damit aber von dem Brauereibesitzer unter der Ausführung abgewiesen, daß er noch Bierflaschen, die sich bei den von ihm bedienten Kunden befänden und einen Wert von 560 ℳ darstellten, herbeischaffen müßte. Der Kutscher beschritt nun den Rechtsweg, indem er darauf hinwies, daß er außerstande sei, jetzt diese Flaschen herbeizuschaffen.

a) Welche Privatrechtsverhältnisse liegen hier vor?
b) Welche *actiones* stehen in Frage?
c) Wie ist der Streit nach dem Rechte des Corpus iuris civilis zu entscheiden?
d) Würde es hiernach von Interesse sein, ob der Fahrer von den Käufern Haftscheine für die zurückzugebenden Flaschen erhalten, und ob er diese dem Prinzipal übergeben hatte oder nicht?
e) Welchen Einfluß würde es nach römischem Recht gehabt haben, wenn der Bierfahrer ein *servus* gewesen wäre?

6. Didius Secundus sendet dem Arrianus Severus, dem Rechtsgelehrten, seinen Gruß.

Im verwichenen Sommer habe ich meinem Freunde Mummius Lollianus Auftrag gegeben, für mich von dem Sklaven Onesiphorus, den Julius Fronto als Verwalter seines sizilianischen Landgutes eingesetzt hat, 600 Scheffel Weizen zu kaufen. Der Handel ist von ihnen abgeschlossen, und das Geld an den Onesiphorus gezahlt worden, das Getreide aber zur rechten Zeit nicht angekommen. Da nun Mummius Lollianus vor kurzem mit Tod abgegangen ist, so frage ich an: ob ich wegen des mir zugefügten Schadens, den ich noch nachzuweisen bereit bin, gegen irgend jemanden vorgehen kann, und wie ich das zu bewerkstelligen habe?

7. Licinius vermietete ein ihm gehöriges Schiff auf 15 Monate an Calpurnius. Dieser ließ das Schiff befrachtet in See gehen und setzte seinen Sklaven Stephanus zum *magister navis* ein. Am Ankunftsorte hatte Stephanus zum Zwecke der Ausbesserung des Schiffes Geld nötig; er erhielt solches gegen die üblichen Zinsen von Agerius vorgestreckt und verwendete einen größeren Teil davon namentlich zum Ankaufe neuer Segel von dem Kaufmanne Zoilus.

Es ist anzugeben:

An wen konnte sich Agerius wegen seines hingegebenen Kapitales mit Fug halten? Und welche *actiones* standen dabei zur Erwägung? Wem haftete umgekehrt Zoilus, wenn sich die verkauften Segel als schiffsuntüchtig und mangelhaft erwiesen?

XI

1. Apostelgeschichte XXII, 25—29:

Als er ihn aber mit Riemen anband, sprach Paulus zu dem Unterhauptmann, der dabei stand: Ist es auch recht bei euch, einen römischen Menschen ohne Urteil und Recht zu geißeln?

Da das der Unterhauptmann hörte, ging er zu dem Oberhauptmann, und verkündigte ihm, und sprach: Was willst du machen? Dieser Mensch ist römisch.

Da kam zu ihm der Oberhauptmann, und sprach zu ihm: Sage mir, bist du römisch? Er aber sprach: Ja.

Und der Oberhauptmann antwortete: Ich habe dies Bürgerrecht mit großer Summe zuwege gebracht. Paulus aber sprach: Ich aber bin auch römisch geboren.

Da traten alsobald von ihm ab, die ihn erfragen sollten. Und der Oberhauptmann fürchtete sich, da er vernahm, daß er römisch war und er ihn gebunden hatte.

a) Was ist hier ein *römischer Mensch?* Und was steht dazu im Gegensatze?

b) Wie unterscheidet sich die Rechtsstellung des Oberhauptmannes von der des Paulus?

c) Entstammte die Furcht der Beamten gewissen rechtlichen Bedenken?

2. Das gleiche findet sich in jenem Buche XXIII, 27. Dagegen heißt es anders in XXV, 10—12; 21; 25:

Paulus aber sprach: Ich stehe vor des Kaisers Gericht, da soll ich mich lassen richten; den Juden aber habe ich kein Leid getan, wie auch du aufs beste weißt.

Habe ich aber jemand Leid getan und des Todes wert gehandelt, so weigere ich mich nicht zu sterben; ist aber der keins nicht, des sie mich verklagen, so kann mich ihnen niemand ergeben. Ich berufe mich auf den Kaiser.

Da besprach sich Festus mit dem Rat, und antwortete: Auf den Kaiser hast du dich berufen, zum Kaiser sollst du ziehen.

Von welcher Rechtseinrichtung ist hier die Rede; und was ist rechtsgeschichtlich darüber des näheren zu bemerken?

3. Der Dichter Ovidius Naso, ein Sohn eines römischen Ritters, zog sich bekanntlich die Ungnade des Kaisers Augustus derartig zu, daß seine *relegatio* nach Tomi an der thracischen Küste erfolgte.

War dieses mit einer *capitis deminutio* verbunden? Welche verwandten Institute kannte das römische Recht noch?

Zweites Buch.

Recht der Schuldverhältnisse.

XII

1. Wie würden die römischen Juristen folgende Leistungen technisch nennen? Von welchen Rechtsbegriffen ist außerdem Gebrauch gemacht?

a) Klage auf Herausgabe eines verpachteten Grundstückes nach Ablauf der Pachtzeit.
b) X. setzt den Y. zum Erben ein und legt ihm auf, der Stadt Z. ein dem Y. gehöriges Grundstück als Vermächtnis zu übertragen.
c) Forderung der Rückzahlung eines Darlehens.
d) Ein Bauunternehmer macht sich vertragsmäßig anheischig, ein Wohnhaus für 45000 ℳ *in Generalentreprise* auf dem Grundstück des Bauherrn aufzuführen.
e) Pflicht des Diebes, die gestohlene Sache zurückzubringen; — oder: die entwendete und verjubelte Geldsumme zu ersetzen.
f) Verpflichtung eines Pferdehändlers, den verkauften Hengst dem Käufer richtig zuzuführen.
g) Ein Antiquitätenhändler schließt mit einem Privatmanne ein Übereinkommen, wonach jener einen silbernen Pokal des 17. Jahrhunderts gegen eine alte Bilderbibel seltenen Druckes liefern soll.

2. *Reichs-Abschied von Speyer von 1600* § 139:

. . . daß vor billich geachtet worden, wann der Schuldner *in mora restituendi pecuniam mutuam* ist, daß er seinem Gläubiger von denselben zeithero (der Vermuthung halben, daß der *Creditor* sein Geld von solcher Zeit an, anlegen, und zugelassener Weise zum wenigsten vom Hundert fünff, wol haben möge) das *interesse* zu entrichten und gut zu machen schuldig seye; So ordnen und wollen wir, daß solch *interesse a tempore morae* erstattet, und derentwegen den *Creditorn* fünff Gulden vom Hundert bezahlt werden, oder aber, da dem *Creditori* solch fünff Gulden nicht annemlich, sondern er vermeynen wolte, *tam ex lucro cessante quam damno emergente* ein mehreres zu fordern, daß ihme alsdann sein gantz *Interesse* zu *deducirn*, gebührlich zu *liquidirn* und zu bescheinigen, und der Richterlichen Erkenntnuß darüber zu gewarten unbenommen seyn soll.

Von welchen Rechtseinrichtungen und juristischen Begriffen ist in vorstehendem die Rede?

Wie verhält sich diese Gesetzesbestimmung zu den Sätzen des römischen Rechtes?

L. 32 § 2 D. de usuris (22, 1); — l. 17 § 4 eod.; l. 34 eod.
L. 22 D. de donationibus (39, 5).
L. 3 C. de usuris (4, 32); — l. 11 (12) eod.; l. 23 eod.

3. In welcher Weise haften nach römischem Rechte nachstehende Verpflichtete ihren Gläubigern?

a) Zwei Brüder, die zusammenwohnen, kaufen gemeinsam eine englische Dogge und bleiben das Kaufgeld schuldig; — da sie auf das bissige Tier nicht ordentlich acht haben, fällt es den Briefträger an und verletzt ihn erheblich.

b) Während eines Erbteilungsverfahrens unter vier Miterben kommt ein wichtiges Aktenstück abhanden, das zum Nachlasse gehört. Es stellt sich heraus, daß ein entfernter Verwandter es entwendet hat und bei sich aufbewahrt.

c) Der sub b) erwähnte Verwandte hatte von dem Erblasser seinerzeit ein jetzt noch ungetilgtes Darlehen von 2000 ℳ erhalten.

d) Drei Freunde trinken des Abends in einem Restaurant zusammen drei Flaschen Wein, zuerst von einer leichten, dann von schwerer Sorte.

e) Wir Endesunterzeichnete bekennen, daß der Kaufmann Albert Pücken uns gemeinschaftlich die Summe von 1500 ℳ auf sechsmonatliche Kündigung bar dargeliehen hat und versprechen, dieselbe mit 4½% jährlich zu verzinsen.

Karl Zeltinger. Joseph Mager.

f) Aus einem Testamente: ... dem A. oder B. vermache ich 500 ℳ.

g) Meine zwei Söhne, die mich beerben werden, sollen dem L. 1000 ℳ als Vermächtnis geben.

4. Wenige Tage nach dem Tode des M. erscheint bei den zwei Erben N. und O. der Handelsmann P., um den Rest einer Kaufschuld zu zahlen, die aus einem mit M. geschlossenen Handel noch rückständig sei. N. und O. quittieren zusammen hierüber. Später zeigt sich, daß P. im Irrtume gewesen und jene Schuld früher schon getilgt worden war.

Wie steht es nun mit dem Rückerstattungsanspruche des P.?

5. Nach beendetem Geldskatspiel im Gasthof *zur Sonne* weigerte sich der Rechtsanwalt Michaelis, an den Wirt Saller den üblichen Skatgroschen zu entrichten. Während der Wirt behauptete, ein Recht zur Erhebung dieser Gebühr von jedem der Spieler zu haben, kehrte der Rechtsanwalt den juristischen Standpunkt heraus und suchte auch den Mitspielern darzulegen, daß ein rechtlicher Anspruch des Wirtes für Überlassung der Karte nicht bestehe, es vielmehr jedem Spieler, der die Karte nicht mitbestellt habe, überlassen sei, ein Entgelt zu zahlen oder nicht; der Wirt möge sich wegen des Kartengeldes an denjenigen halten, der die Karte verlangt habe.

Ist diese Auffassung begründet?

Wenn der eine Spieler ohne vorherige weitere Erörterung das gesamte Kartengeld an den Wirt bezahlt hätte, würde er sich dann an seine Spielgenossen halten können; und welche *actio* käme in Betracht?

XIII

1. *Bürgerliches Gesetzbuch für das Deutsche Reich.*

§ 1317. Die Ehe wird dadurch geschlossen, daß die Verlobten vor einem Standesbeamten persönlich und bei gleichzeitiger Anwesenheit erklären, die Ehe miteinander eingehen zu wollen. Der Standesbeamte muß zur Entgegennahme der Erklärungen bereit sein.

§ 1318. Der Standesbeamte soll bei der Eheschließung in Gegenwart von zwei Zeugen an die Verlobten einzeln und nacheinander die Frage richten, ob sie die Ehe miteinander eingehen wollen, und, nachdem die Verlobten die Frage bejaht haben, aussprechen, daß sie kraft dieses Gesetzes nunmehr rechtmäßig verbundene Eheleute seien. —

Diese Vorschrift ist die einzige, die aus dem neuzeitlichen Rechte hinsichtlich der gesetzlichen Form von Privatwillenserklärungen den römischen Verbalkontrakten sich zur Seite stellen läßt. Es bestehen aber schon in der angegebenen Rücksicht bedeutsame Unterschiede zwischen beiden. Welches sind diese Verschiedenheiten?

2. Würde nach römischem Rechte der Abschluß einer *stipulatio* durch den Fernsprecher zulässig und rechtsgültig gewesen sein?

Wäre hier vielleicht zwischen dem klassischen und dem justinianischen Rechte zu unterscheiden?

3. Sind folgende *stipulationes* nach römischem Rechte gültig?

a) Dabisne mihi equum? — Dabo bovem.

b) Dabisne mihi viginti? — Dabo decem.

c) Dabisne mihi decem? — Dabo viginti.

d) *Stipulatio* mit einem Tauben, der die Worte des Fragenden von dessen Lippen abgelesen hat.

4. Ayn fürtrefflich *Exercitien*- und Hülffsbüchlin vor Rechtsbeflißne vnnd anfahende *Juris-Peritos*, p. II § II nr. IV.

Walter Hagmann, *scholae magister*, aus Lorbach an den gelahrten *Procuratorem* Henrich Finzmar zu Riesen. Da der Artzt Fridrich Neidel hierselbst mit Tod abgangen, hat desselben *Neveu* vnnd *Universal*-Erbe Herman Spelt in Hessfeld mir Alle Hinterlassenschaft vor 1950 Thlr. verkaufft. Ich jedoch, vmb sicher zu gehn, legete ime die Frag vor, so Ihr mir damals im Rathe mitgegeben: *quanta pecunia ad te ex hereditate illa pervenerit, dolove malo tuo factum est, eritve, quominus perveniat, tantam praestabis?* — Worauff er jedoch die Antwurt schuldig bliebe. Mir dann aber im Brieff schrieb am nechst folgenden Tage, daß er sothanes zu Versprechen Geforderte nun ernstlich *promitti*re; mir es auch ehegestern 8 Tag nach deme Kaufschluß in mündlicher Anredung wieder gesagt hat. Wornach ich nun aber verwirret war vnnd mich gantz schweigend verhalten; also daß es mir nunmehro *dubios* geworden, ob er mir jetzt *ex stipulatu* nach denen Sätzen, so im Rechte des Julianus, Papinianus, Ulpianus oder auch denen Gesetzen des Kaysers Justinianus hafftbar vnnd verbindlich worden. Wollet mir, bitte ich, auf solch Frag vnnd Zweiffel, gewißlich vnnd balde *respondi*ren, was Rechtens seye?

XIV

1. Sind in nachstehenden Fällen Ansprüche der Geschädigten rechtlich begründet? Worauf würden sie gehen, und wie müßten sie nach römischem Recht begründet werden?

a) Ein Architekt hatte von einem ihm gehörigen Doppelhaus das eine an A., das zweite an B. verkauft. Im folgenden Winter zeigt sich an den Wänden des Erdgeschosses von A. zeitweilig Feuchtigkeit; während das Nachbarhaus sich von Wanzen verseucht erweist.

b) Eine verkaufte Kuh war mit einer ansteckenden Krankheit behaftet, durch die auch der übrige Viehbestand des Käufers krank wurde und teilweise fiel.

c) Von dem Käufer eines Pferdes wurde Ersatz verlangt, weil das Tier schon zur Zeit des Kaufes gelahmt hätte, und dieses Lahmen durch das Zerreißen von äußerlich nicht sichtbaren Muskeln und Sehnen bewirkt gewesen wäre.

d) Der Besteller einer Sendung Wein will diese dem Händler zur Verfügung stellen, weil der Wein den vorher gesandten Proben nicht entspreche.

e) Bei einem Drogisten hatte eine Frau schwarzen Kümmel geholt, war aber von dem daraus bereiteten Absud erkrankt, da dem Kümmel giftiger Stechapfelsamen beigemischt gewesen. Es konnte bewiesen werden, daß der Verkäufer mit dieser Beimischung bekannt gewesen war.

2. A. verpfändet eine Partie ihm gehöriger Schaffelle, die er bei B. hinterlegt hat, dem C. für eine rückständige Schuld. D. stiehlt die Felle dem B. und verkauft und übergibt sie dem E. Von E., der den D. für den Eigentümer gehalten hatte, kommen sie durch weiteren Verkauf an den ebenfalls gutgläubigen F.

a) Wer ist Eigentümer und Besitzer der Felle?

b) Kann sie jemand von F. herausverlangen?

c) Welche Rechtsverhältnisse und *actiones* sind unter den genannten Personen begründet? Und wie wird sich danach die Sache entwickeln und schließlich ordnen?

3. V. verkauft eine Wiese, die ihm durch Erbgang zugefallen war, dem W. Dann stellt sich heraus, was dem V. selbst unbekannt gewesen war, daß U. an ihr den lebenslänglichen Nießbrauch hat, sowie daß dem X. ein Fahrtrecht über sie zusteht.

Welche Rechtsfolgen knüpfen sich an diesen Tatbestand?

4. Die Firma T. O. Schröter machte einen großen Teil ihrer Geschäfte nach polnischen Gegenden, in denen einmal ein Aufstand ausbrach. Kurze Zeit vorher hatte ein unternehmender Kaufmann aus Galizien eine ungewöhnlich große Sendung von Kommissionsartikeln, deren Wert sich auf 20000 Taler belief, an die Firma abgesendet und, wie bei solchen Geschäften dort üblich, den größten Teil des Wertes bereits in Wechseln gezogen. Die Wagenkarawane, welche diesen Transport bringen sollte, mußte gerade in dem insurgierten Gebiete sein. (Aus Freytag, Soll und Haben.)

Wer trägt die Gefahr der unterwegs befindlichen Waren?

5. Das Haus war groß und hatte mehrere Stockwerke; es gehörte zu jenen Tausenden, die in Rom um der Renten willen erbaut wurden. Sie waren daher in der Regel so rasch und schlecht gebaut, daß kaum ein Jahr verging, in dem nicht viele über den Häuptern ihrer Mieter zusammenstürzten.

(Aus Sienkiewicz, *Quo vadis?* Erzählung aus der Zeit Neros.)

a) Wer trug einen so entstehenden Schaden? Welche *actiones* standen beiderseits in Frage?

b) War es von Bedeutung, wenn der Schaden eintrat: durch Schuld des Mieters, oder durch die eines Dritten, oder durch ein Naturereignis?

c) Wie stand es, wenn die Baufälligkeit erst während der Mietzeit eintrat?

d) Welches war die Folge, falls das Haus von einem Dritten in Anspruch genommen und dem Vermieter abgestritten wurde?

6. Der Prozeß um des Esels Schatten.

Der Zahnarzt Struthion wollte einen auswärtigen Jahrmarkt besuchen und mietete einen Esel bis zu dem Orte des ersten Nachtlagers. Der Eigentümer begleitete ihn zu Fuße, um das lastbare Tier zu besorgen und wieder nach Hause zu reiten. Der Weg ging über eine große Heide. Es war mitten im Sommer und die Hitze des Tages sehr groß. Weit und breit war weder Baum noch Strauch noch irgend ein anderer schattengebender Gegenstand zu sehen. Der Zahnarzt, dem die Hitze unerträglich wurde, machte endlich Halt, stieg ab und setzte sich in den Schatten des Esels. — Nein, mein guter Herr, sagte der Eseltreiber, so haben wir nicht gehandelt! Ich vermietete Euch den Esel, aber des Schattens wurde mit keinem Worte dabei gedacht. — Ihr spaßt, guter Freund, erwiderte der Zahnarzt lachend; der Schatten geht mit dem Esel, das versteht sich. — Ei, beim Jason, das versteht sich nicht, rief der Eselmann ganz trotzig; ein andres ist der Esel, ein andres ist des Esels Schatten. Ihr habt mir den Esel um so und so viel abgemietet. Hättet Ihr den Schatten auch dazu mieten wollen, so hättet Ihr's sagen müssen. Mit einem Wort, Herr, steht auf und setzt Eure Reise fort, oder bezahlt mir für des Esels Schatten, was billig ist. (Aus Wieland, Geschichte der Abderiten.)

Wer war im Rechte?

7. Wie sind folgende Tatbestände juristisch zu charakterisieren? Zu welcher Art von *obligationes ex contractu* würden sie nach der Einteilung der römischen Juristen gehören?

a) *Louages des abeilles* — eine eigentümliche Art einer Tierleihe im Code civil de Fribourg. Der Empfänger der Bienen hat ihren Ertrag mit dem Eigentümer zu teilen. Die präsumtive Dauer des Vertragsverhältnisses geht auf 10 Jahre. Die Ernährung der Bienen im Winter fällt den beiden Parteien gemeinsam zur Last. (Nach Huber, System und Geschichte des Schweizerischen Privatrechts.)

b) Ein großes Jagdgebiet wird von Zeit zu Zeit von der Berliner Stadtverwaltung ausgeboten; es soll aber nicht an den Meistbietenden, wie dies gewöhnlich der Fall ist, sondern an den Mindestfordernden vergeben werden. Das Jagdrevier umfaßt die städtischen Markthallen und die dazu gehörigen Vordergebäude nebst Kellern und Maschinenräumen. Als jagdbare Tiere gelten für den Pächter der Jagd Ratten, Mäuse, Schaben und dergleichen anmutiges, ungenießbares Wild.

c) Als Rembrandt sein berühmtes Gemälde *Die Nachtwache* ausführte, ließen sich darauf 16 Herren des Amsterdamer Patriziates aufnehmen. Jeder bezahlte durchschnittlich 100 Gulden, etwas mehr oder weniger, je nach dem Platz, den ihm der Maler auf dem Bilde gab. Das Werk war für das Zunfthaus der *Klovenier* bestimmt, der Gewehrschützen, zu deren Mitgliedern jene 16 Herren gehörten. — Vgl. damit die Erzählung von Greinz, *Der Heiligenmaler:* Ein altes Freskogemälde an der Außenseite einer Wallfahrtskirche sollte wieder hergestellt werden. Es stellte das jüngste Gericht dar. Der Maler setzte an die Spitze der *Böcke* porträtähnlich einen reichen Bauern, der seine Tochter dem Maler nicht, wie die Liebenden es wünschten, zur Frau geben wollte. Erst auf das erzwungene Jawort des Alten hin, änderte der Maler das Bild.

8. Ein ebenso reicher als geiziger Bürger von Beirut, der an beiden Augen den Star hatte, entschloß sich zu einer Operation und unterhandelte mit einem Arzte, der sich bereit erklärte, ihn für 5000 Piaster wieder sehend zu machen. Ein Auge wurde auch mit ausgezeichnetem Erfolge operiert; aber als der Arzt sich anschickte, das andere Auge zu operieren, erklärte der Türke plötzlich, daß er mit einem Auge genug sehe. Er erbot sich daher, die Hälfte des oben genannten Preises zu zahlen, während der Arzt nach wie vor die ganze Summe forderte.

a) Unter welche rechtliche Kategorie würde ein klassischer römischer Jurist den vorstehenden Tatbestand gebracht haben?
b) Was für Formalitäten mußten danach bei dem Abschlusse der fraglichen Beredung gewahrt werden?
c) Wie hieß die daraus entspringende *actio*?
d) In welchem prozessualischen Verfahren war sie zu erledigen?
e) Welcher der streitenden Teile ist im Rechte, und aus welchen Gründen?

XV

1. *Code civil, art. 1892:* Le prêt de consommation est un contrat par lequel l'une des parties livre à l'autre une certaine quantité de choses qui se consomment par l'usage, à la charge par cette dernière de lui en rendre autant de même espèce et qualité.

Badisches Landrecht, Art. 1892: Die Darleihe ist ein Vertrag, demzufolge einer dem andern von verbrauchbaren Sachen eine bestimmte Menge unter der Bedingung zu überliefern hat, daß letzterer ihm ebensoviel in der Gattung und Menge einst wiedergeben soll.

a) Die zweite Gesetzesbestimmung enthält eine bemerkenswerte Abweichung von der ersten. Worin ist sie gelegen?
b) Stimmt eine von ihnen mit dem römischen Rechte überein?

Pr. I. 3, 14; l. 2 D. de R. C. (12, 1); l. 17 pr. D. de pactis (2, 14).

2. A. leiht dem B. Geld, mit dem Beding, an Stelle jeder anderen Vergütung den zehnten Teil des mit jenem Kapital etwa erzielten Geschäftsgewinnes zu erhalten.

a) Was liegt rechtlich vor: Rechtsverhältnis, — *actio*?
b) Wer ist Eigentümer des Geldes? Und wer ist juristischer Besitzer?
c) Wie stände es, wenn der A. auch einen etwaigen Schaden, den B. bei dem beabsichtigten Geschäfte erleidet, zum zehnten Teile tragen soll?
d) Was ist die Folge, wenn das Geld dem B. auf dem Heimwege, gerade als er des A. Haus verlassen hatte, durch einen Unbekannten gewaltsam entrissen worden und seitdem verschwunden wäre?
e) B. versetzt für seine Schuld einen goldenen Ring, der bei dem A. von C. gestohlen wird, da A. leichtsinnigerweise den Ring offen hatte liegen lassen. Rechtsfolgen?

3. Ein Müller hatte von einem Bauer Getreide geliehen. Der letztere lieferte krankes Korn, ohne dem Empfänger dies mitzuteilen; da der Müller die erhaltene Frucht unter die seinige mengte, verdarb alles.

Wie steht es nach römischem Rechte mit seinem Ersatzanspruche? Welche *actio* kommt in Frage?

4. A. erwirbt von B. dessen Grundstück gegen einen Preis von 50 ℳ für den Quadratmeter. Um darauf einen Bau aufführen zu können, will er den Platz dahin abrunden, daß er sich von seinem Nachbarn C. die Abtretung eines angrenzenden Streifens versprechen läßt, wogegen er im Briefwechsel dem C. ein anderes Stück Land zusichert und dann auch übergibt. Er läßt sich sodann von dem Baumeister D. einen genauen Bauplan mit Voranschlag gegen übliches Honorar anfertigen; und kommt in freier mündlicher Beredung mit E. dahin überein, daß letzterer den Hausgarten des A. anlegt, wogegen er ihm einen Fußweg nach dem Grundstück des E. einräumt und alsbald zur Verfügung stellt. Nach Fertigstellung des Baues nimmt A. den F. als Hausmann in der Weise an, daß F. im Kellergeschoß freie Wohnung erhält und verpflichtet wird, den Hauseingang zu überwachen, die Straße zu fegen, Kohlen zu tragen und den Garten zu begießen.

Was kann A. von seinen jeweiligen Partnern rechtlich beanspruchen, und zwar

a) nach altem *ius civile Romanum?*

b) nach dem Rechte des Corpus iuris civilis?

5. In der Zeit, da Frankfurt a. M. noch freie Reichsstadt war, lebte dortselbst ein kleiner Seilermeister, dessen höchster Ehrgeiz die Erlangung einer Ratsstelle in seiner vaterstädtischen Republik war. Nachdem er solches vielfach, besonders auch durch mancherlei Ehrenbezeugungen gegen den maßgebenden Senator an den Tag gelegt, wurde er von dem letzteren eines Morgens in amtlicher Angelegenheit beschieden. Als er jedoch in froher und gewisser Erwartung eintrat, sprach jener nur in dürren Worten: Lieber Herr, heute über acht Tage beginnt die Wollmesse, und wird diese auf dem Platze an Eurem Hause gehalten; wollet doch erlauben, daß die dabei beschäftigten städtischen Behörden Euren an der Türe gelegenen Abort während der Messe benutzen dürfen. — Verwirrt sagte der Seiler zu.

Unter welchen Rechtsbegriff würden die römischen Juristen diese Beredung gebracht haben? Welche Formalität wäre danach zu fordern gewesen? Welche *actio* würde begründet worden sein?

XVI

1. Der Geschäftsreisende A. hat verschiedene Briefe an seinen Prinzipal zu schreiben.

a) Er fordert in der Papierhandlung des B. Briefpapier und Umschläge.

b) In dem Gasthofe des C., wo er abgestiegen ist, befindet sich das zum Gebrauche der Reisenden hingestellte Schreibzeug in schlechtem Zustande; der Freund D. borgt deshalb dem A. eine goldene Füllfeder und sagt schließlich, da diese dem A. gefällt: Du kannst sie für immer behalten.

c) A. läßt sich von dem Oberkellner E. eine Briefmarke geben, klebt sie auf den Brief und wirft diesen später in einen Postbriefkasten.

d) Er leiht sich von D. einen Hundertmarkschein, den er in einen zweiten Brief einlegen will.

e) Diesen bittet er seinen Freund für ihn am Schalter einschreiben zu lassen.

f) Statt dessen gibt ihn D. mit gleichem Ersuchen dem Dienstmanne F., dem er dafür 30 ₰ bezahlt.

g) Der F. verabredet mit einem ihm begegnenden Kollegen, daß dieser den Brief besorge, und F. dafür ein Paket, das jener trägt, zur Bahn bringe.

h) Der Prinzipal, mit dessen Tochter der A. verlobt ist, teilt ihm mit, daß er ihn als Teilnehmer aufnehmen wolle; zugleich verspricht er, ihm bei der Verheiratung eine näher bestimmte Mitgift zu bestellen.

i) Inzwischen hatte A. mit dem Kaufmanne G. abgerechnet und von diesem die schriftliche Anerkennung einer von jetzt ab mit 5 % zu verzinsenden Restschuld erhalten. Nur ein Posten war streitig geblieben; er soll der maßgeblichen Entscheidung eines Unparteiischen unterbreitet werden.

Fragen:

a) Welche *obligatio* und *actio* liegt in den einzelnen Fällen vor?

b) In welchen Formen waren die fraglichen Rechtsgeschäfte nach römischem Rechte abzuschließen?

c) Wie steht es jeweils mit der Haftung für *culpa*?

d) Wie mit den Besitz- und Eigentumsverhältnissen?

2. Es geht mir recht übel in der Welt; ich habe einem gewissen Frauenzimmer, mit dem ich etwas zu vertraut wurde, in aller Geschwindigkeit die Ehe zugeflüstert, und nun bin ich deshalb gerichtlich belangt. Einem Herrn, der mich zu einer Mahlzeit begehret, habe ich 1000 Taler zu leihen versprochen; und er droht mir mit einer Klage, falls ich nicht Wort halte. Noch habe ich jemandem zugesagt, daß ich ihm mein Haus vor einem andern vermieten wollte, sobald es ledig würde; und ich bin wirklich vom Richter verdammt, mein Wort zu halten. Ist das nicht grausam? und sollten die Gesetze dieses gestatten?

Die Römer, dieses kluge Volk, das die Welt kannte und wußte, was Komplimente waren, machten einen Unterschied unter bloßen

Versprechungen und unter solchen, welche auf eine gewisse feierliche Art geschehen waren. Nur die letzteren waren unter ihnen bedachtsame und kräftige Versprechungen.

(Aus JUSTUS MÖSER, Patriotische Phantasien.)

a) Von welchen Beredungen ist in obigen Beispielen gehandelt?

b) Ist es richtig, daß sie nach römischem Rechte formal eingegangen werden mußten? Und — bejahendenfalls — in welcher Form die einzelnen?

c) Wie stände es mit diesen Fragen, wenn als Exempel angeführt würden: Versprechen eines Bauern, seinen Hof dem Versprechensempfänger käuflich abzutreten; — oder ihn gegen ein städtisches Haus umzutauschen; — oder ihn seinem ältesten Sohne unter Vorbehalt lebenslänglicher Verpflegung des Vaters zu übergeben; — oder ihn gegen erhaltenes Darlehen zu verpfänden?

d) Die gleiche Frage kann auch für folgendes aufgeworfen werden: der geladene Gast hatte jenem Frauenzimmer im Falle der Ehe mit einem Dritten eine Mitgift versprochen; — oder dieses dem Bräutigam gegenüber getan? — Er hatte sich für ein vorgeschossenes Darlehen Zinsen versprechen lassen? — Für den Mieter, dessen Zahlungsfähigkeit er nicht traute, hatte dessen Bruder (oder: dessen Schwester, — oder: dessen Ehefrau) Bürgschaft übernehmen müssen? — Eine nicht zweifelsfreie Legatsverpflichtung seinerseits hatte er in der Weinlaune als rechtlich verbindlich anerkannt und deren prompte Zahlung versprochen?

3. KREITTMAYR, Anmerkungen über den *codicem iuris Bavarici iudiciarii*, XVII, 2a:

Ob man sich *per nudum Pactum vel Stipulationem* zum Compromiß einverstehe, ist eins und macht allzeit wenigst *de Iure hodierno et Germanico* den nemlichen Effect.

Von welchem Vertrage und Rechtsverhältnisse ist hier die Rede? Wie verhält sich diese Angabe des bayerischen Gesetzgebers zu den entsprechenden Sätzen des römischen Rechtes?

XVII

1. Ev. LUCAE, X, 30, 33—35:

Es war ein Mensch, der ging von Jerusalem hinab gen Jericho, und fiel unter die Mörder, die zogen ihn aus und schlugen ihn, und gingen davon, und ließen ihn halb tot liegen.

Ein Samariter aber reisete, und kam dahin; und da er ihn sahe, jammerte ihn sein;

Ging zu ihm, verband ihm seine Wunden und goß drein Öl und Wein; und hob ihn auf sein Tier, und führte ihn in die Herberge und pflegte sein.

Des anderen Tages reisete er und zog heraus zwei Groschen, und gab sie dem Wirte und sprach zu ihm: Pflege sein; und so du was mehr wirst dartun, will ich dir's bezahlen, wenn ich wiederkomme.

Was sind aus der Handlungsweise des barmherzigen Samariters für Obligationen entstanden, und welche *actiones* sind unter den Beteiligten begründet?

2. Der preisgekrönte Stenograph Grünhut hatte sich einem Herrn Voyta gegenüber verpflichtet, ihm auf einer einzigen Postkarte in stenographischer Schrift Goethes *Wahlverwandtschaften* niederzuschreiben. Voyta versprach, dafür 200 ℳ zu bezahlen. Die Karte wollte er dann nach Amsterdam, wo er einen Liebhaber solcher Dinge kenne, weiterverkaufen. Grünhut brachte das Kunststück zuwege und sandte die Karte, welche den ganzen Goetheschen Roman enthielt, wie es vereinbart war, an Herrn Voyta. Mit diesem zusammen hatte ein Herr Zwettler eine Wohnung inne, und dieser war gerade allein zu Hause, als die sonderbare Postkarte, die er nicht entziffern konnte, ankam. Er steckte dieselbe ein, vergaß sie seinem Freunde Voyta zu geben, und — verlor sie. Voyta wollte natürlich für die Karte, die er nicht erhalten hatte, die 200 ℳ nicht bezahlen, aber auch Zwettler lehnte jede Ersatzpflicht ab.

Es sind folgende Fragen zu beantworten:

a) Welche Rechtsverhältnisse liegen zwischen den beteiligten Personen (Grünhut — Voyta — Liebhaber — Post — Briefträger — Zwettler) vor?

b) Worauf geht die Verpflichtung eines jeden von ihnen dem andern gegenüber? Für welchen Grad der *culpa* wird dabei jeweils von den einzelnen gehaftet?

3. Die Steuerkasse zu X. wurde angewiesen, dem invaliden Unteroffizier Anton Wahle zu X. eine näher bestimmte Invalidenpension zu zahlen. Die Kasse zahlte sie an den Gerichtsdiener Anton Wahle zu X., auf den jene Charakterisierung auch paßte, während die Pension in der Tat für den bei der Post angestellten Wagenmeister Anton Wahle zu X. bestimmt war.

Kann hier etwas zurückgefordert werden? Welche *actio* des römischen Rechtes kommt in Betracht?

4. Jemand bezahlt mit fremdem, ihm anvertrauten Gelde Schulden, die er seinerseits hat.

Auf welchem Wege Rechtens kann der Eigentümer des veruntreuten Geldes vorgehen?

5. Ein Landpfarrer lud viele Freunde und Bekannte zu der demnächstigen Hochzeit seiner einzigen Tochter ein. Die Geladenen sandten, der Sitte gemäß, Hochzeitsgeschenke; erhielten aber zwei Tage vor dem angesetzten Termine die Nachricht, daß die Vermählung, wegen plötzlichen Trauerfalles in der Familie des Bräutigams, in aller Stille und ohne Festlichkeit begangen werden müsse.

Können die *Ausgeladenen* nicht ihre Geschenke zurückfordern? An welche *actio* des römischen Rechtes hätte man da zu denken; — und was wäre für oder wider deren Erfolg begründetermaßen zu bemerken?

XVIII

1. Welche *obligatio* und *actio* stehen im folgenden in Frage?

a) R. beabsichtigt, eine Reise zu unternehmen. Er hatte sein Fernglas dem A. geliehen und fordert es nun zurück; der will es noch behalten. Sie kommen in Streit, wobei A. den R. auffordert, sein, des A., Haus zu verlassen. R. weigert sich.

b) Da R. auf diesem Wege sein Fernglas nicht erhalten hat, so dringt er später nochmals ein, erbricht die Zimmertüre des A. und holt sich sein Glas.

c) Sein Freund B., der sich in der Wohnung des R. von diesem verabschiedet hat, merkt auf der Straße, daß R. zu Fuße die Bahn nicht rechtzeitig erreichen werde. Er schickt ihm eine Droschke (C.).

d) Am Bahnhofe bezahlt R. den C. Dieser war aber bereits von B. bezahlt worden.

e) Als R. am Droschkenpferd vorbeigeht, schlägt dieses plötzlich aus und verletzt und beschmutzt den R.; es war von X. mit einem Stocke geschlagen worden.

f) Im Wartesaale läßt R. seine Reisetasche stehen. D. eignet sie sich an.

g) Am Ankunftsorte steigt R. im Gasthofe des E. ab. F. schleicht in seiner Abwesenheit mit Nachschlüsseln ein und entwendet den Handkoffer des R. mit Inhalt.

h) In der Stadt entsteht durch Blitzschlag Feuer, wobei auch der Gasthof des E. und darin das Zimmer des R. mit dessen Sachen sehr beschädigt wird.

i) R. will ein silbernes Besteck kaufen und fragt in der ihm fremden Stadt den G. nach einem guten Geschäftshause. Dieser empfiehlt ihm einen notorischen Schwindler als reelle Firma.

k) R. besucht die Restauration des H. und hängt seinen Überzieher eine Strecke von sich an die Wand. Ein anderer Gast, J., zieht heimlich das Kleidungsstück an und entfernt sich.

l) Im Ärger darüber schilt R. den H. einen Dieb und Betrüger.

m) Auf dem Heimwege fällt ihm Asche und Schmutz auf die Kleider, welche die in Diensten des K. stehende L., glaubend, daß jetzt niemand vorbeigehe, aus dem Fenster geschüttet hatte.

n) R. droht mit dem Stocke hinauf, verfährt aber dabei so ungeschickt, daß er das Fenster des im Erdgeschosse wohnenden M. zerschlägt.

o) Bei der Abreise merkt R., daß der Gasthofskellner N. Wäsche des R. getragen und beschmutzt wieder hingelegt hat.

2. Wie ist die Handlung der Betrüger in dem Märchen: Des Kaisers neue Kleider, von Andersen, privatrechtlich zu charakterisieren? Und welche Rechtsfolgen würden sich hieran nach römischem Rechte anknüpfen?

3. Eyn fürnehmer Kauffmann sendet eine Heerd Schaafe über Meer, in dem Schiff schläfft der Steuermann, und ein Widder darunter stösset ihn mit seinen Hörnern, daß er sich im Schlaff darüber erzürnet, und den Widder in das Wasser wirfft.

Als solches die Schaafe gesehen, seynd sie alle hernach gesprungen, und ersoffen; der Kauffmann will seine Schaafe bezahlt haben, der Steuermann will mehr nicht, als den Widder, gut machen, weil er die andern nicht verwahrloset.

Beede Theil gelangen vor Gericht.

(Aus Abele, Mitglied der *fruchtbringenden Gesellschaft*, Seltzame Gerichtshändel. 1655.)

4. Der Kaufmann A. übersandte seinem Geschäftsfreunde B. sieben Zentner Wolle mit der Bitte, sie für Rechnung des A. bestens zu verkaufen. Die Wolle ward jedoch bald darauf von dem Arbeitsmanne C. aus dem Magazin des B. gestohlen und von dem Diebe sodann für 1200 ℳ an den Kommissionär D. verkauft, der sich das Kaufgeld gegen Verpfändung der Wolle von dem Händler E. entlieh. D. und E. wußten, daß die Wolle gestohlen war und verkauften solche später an den Tuchmacher F., der sie gutgläubig verarbeitete.

Es fragt sich, ob A. oder B. gegen eine der anderen Personen nach römischem Rechte einen Anspruch erheben können?

5. Welche *delicta privata* sind in nachstehenden Tatbeständen gegeben? Und was für Folgen knüpft das römische Recht an sie an?

a) Ein Dienstmädchen brennt gegen den Willen der Herrschaft des Nachts Gas in der Küche an, um Romane zu lesen.

b) Es verstößt jemand gegen die Ordnung des Seminars, indem er gegen sein Versprechen aus der Präsenzbibliothek Bücher mit nach Hause nimmt, in der (nachher auch ausgeführten) Absicht, sie später wiederzubringen.

c) Der in Immermanns *Münchhausen* geschilderte *Patrioten-Kaspar* nahm das dem Hofschulzen vom Oberhofe gehörige, angebliche Schwert Karls des Großen heimlich von seinem Aufbewahrungsorte und versteckte es in einer unauffindbaren Weise im Gebälke des Oberhofes, um dem Hofschulzen, seinem

Todfeinde, eine für diesen nicht verwindliche Kränkung zuzufügen.

d) Es hatte ein Spitzbube vernommen, daß Kayser Karl der fünffte verreisen wolte. So ging er dreist in das Kayserl. Gemach, indem er wußte, daß daselbst wegen der bevorstehenden Reise sehr wenig Diener vorhanden. Er trat dannenhero erstlich hinzu, und machte mit gebogenen Knien, wie zu Hofe gebräuchlich war, dem Kayser eine Reverence; fing darauf an, die angeschlagenen Tapeten mit großer Eylfertigkeit herab zu nehmen und gar sauber und hurtig in ein Bündlein zusammen zu wickeln, so, daß der Kayser, und die bey ihm waren, selbst zusahen. Biß er endlich alle Tapezereyen hinweg bekam, und dem ordentlichen Aufheber derselben, welcher eben damahls in anderen Verrichtungen begriffen war, aller Mühe gäntzlich überhebete.

(Aus Harsdörfer, Verfasser des *Nürnberger Trichter*, Schauplatz lust- und lehrreicher Geschichten.)

e) Edmund, der Angelsachse, fand im Palaste Königs Karl zu Aachen einen Goldring. Als er ihn näher betrachtete und die Runenschrift auf dem Golde sah, welche niemand zu lesen verstand, schrak er zusammen: es war der Ring der Königin Fastrada, der Gemahlin Karls, die ihn hier verloren hatte . . . Gefundenes Gut eine Weile aufheben, sprach er zu sich selbst, ist kein Vergehen; wäre es ein solches, so ist es so klein, daß weder das Recht noch die Moral, einen eigenen Namen dafür zu prägen, nötig fand. Ich will den Riug nur ein paar Tage aufheben und ihn dann wieder in die Hand der Königin legen. — Der Ring besaß eine geheime Zauberkraft: solange ihn Fastrada am Finger trug, war sie der glühendsten Liebe Karls gewiß, hätte aber ein anderer den Ring genommen, so würde des Königs Liebe auch dem neuen Träger des Ringes nachgezogen sein.

Riehl führt in seiner anmutigen Novelle *König Karl und Morolf* dann weiter an, wie Edmund den Ring in einem Baume verbarg; und ihn später der Gisela, Tochter des Rouding, schenkte, auf daß sie ihn der Königin zurückbringe und sich deren Wohlwollen erwerbe. Was dann auch geschehen.

XIX

1. Kann in nachstehenden Fällen gegen den Eigentümer des schädigenden Tieres ein Ersatzanspruch (und was für eine *actio*?) erhoben werden?

a) Als ein Geschäftsreisender über den Hof einer Holzhandlung nach deren Kontor schritt, kam er — sei es aus Unvorsichtigkeit oder weil es ihm nicht möglich war, das Tier zu bemerken — der Hütte des Kettenhundes zu nahe und wurde von diesem gebissen.

b) Es begab sich einmal, daß ein Bauer auf seinem Esel Kartoffeln nach der Stadt brachte und solche dem Apotheker, dem er sie verkauft hatte, zuführte. Der Esel wurde an der Türe festgebunden, während sein Herr die Erdäpfel nach dem Keller des Bestellers schaffte, dann aber von mutwilliger, unbekannter Hand gelöst. Er spazierte gemächlich in den Hof und trank ein am Kellereingange stehendes Gefäß mit Malvasier völlig leer.

c) In Bern befindet sich an der Nydeckbrücke ein Bärenzwinger, worin in zwei durch eine Mauer getrennten Graben eine Anzahl von Bären seit alter Zeit ständig gehalten wird. Hier unternahm es ein Engländer, infolge einer Wette, auf jener schmalen Mauer hin und zurück zu gehen, ein Unterfangen, bei dem er denn auch richtig in den Zwinger hinabstürzte und von den Bären zerrissen wurde.

2. 2. Mose 21, 35 u. 36: Wenn jemands Ochse eines anderen Ochsen stößet, daß er stirbt, so sollen sie den lebendigen Ochsen verkaufen, und das Geld teilen, und das Aas auch teilen. — Ist's aber kund gewesen, daß der Ochse stößig vorhin gewesen ist, und sein Herr hat ihn nicht verwahret, so soll er einen Ochsen um den andern vergelten, und das Aas haben.

Wie verhalten sich diese Rechtssätze zu denen des römischen Rechtes?

3. Aus einer Menagerie entsprang ein Königstiger, der eine ganze Nacht sich im Freien herumtrieb, ein Schwein raubte und anderen Morgens bei der auf ihn eröffneten Jagd einen Gendarmen schwer verwundete, während ein Feuerwehrmann, auf einer Mauer stehend, durch einen ungeschickten Schuß erheblich verletzt wurde.

Von diesen beiden Personen wurde der Eigentümer der Menagerie auf Schadenersatz belangt.

Er entgegnete: daß er keine Schuld an der Entweichung gehabt habe; — das Tier gehöre ihm auch gar nicht mehr, da es als wildes in die Freiheit gekommen wäre (§§ 12, 14—16 I. de R. D. 2, 1); — zudem sei der entsprungene Königstiger ganz unschädlich gewesen; er sei in jener Nacht an vielen Leuten so nahe und unschuldig vorbeigestrichen, daß man ihn allgemein für einen großen, gutmütigen Metzgerhund gehalten habe, und er habe so lange niemandem etwas zuleide getan, bis man ihn verfolgte und tätlich angriff und ihn also in Notwehr versetzte; in jedem Falle würde er, Beklagter, die Bestie ohne Schaden wieder eingefangen haben, wenn Polizei und Feuerwehr nicht dazwischen gekommen wären. Übrigens sei er gütlich bereit, das erschossene Tier den Beschädigten einfach hinzugeben.

Replik der Kläger: In solchen Angelegenheiten sei gesteigerte Sorgfalt nötig, und müsse Beklagter unbedingt haften; — die natürliche Freiheit habe der Königstiger noch nicht erlangt gehabt; — aus dem letzten Einwande des Beklagten folge gerade, daß das Tier dann *contra naturam sui generis* gehandelt habe. Mit dem toten Tiere könnten sie, die Kläger, nichts anfangen.

Es ist der Rechtsfall auf Grund des römischen Rechtes zu begutachten und Urteil mit Gründen zu entwerfen.

4. Das Dienstmädchen eines Gastwirtes warf aus dem Fenster der im Erdgeschoß belegenen Wohnung einen Obstrest auf die Straße. Ein auf dem Bürgersteige des Weges daher kommender Tischlergeselle glitt über die Kerne aus und tat einen Fall, bei dem er einen Beinbruch erlitt.

An wen kann er sich wegen der verausgabten Kurkosten im Betrage von 52 ℳ nach römischem Rechte halten?

XX

1. Regelung einer Erbschaft.

G. hat von X. und von Y. je 1000 ℳ und von Z. die Lieferung eines auf dem Grundstücke des G. zu erbauenden Pferdestalles zu fordern. G. stirbt am 26. Mai und hinterläßt zwei Brüder A. und B., die am 3. Juni die Erbschaft antreten.

A. kommt am 14. Juni bei einem Eisenbahnunglück um, ohne Deszendenten zu hinterlassen.

Nun nimmt B. die ganze Erbschaft an sich und überläßt sie um die runde Summe von 24 000 ℳ dem C.

Dieser kommt mit Z. überein, daß er ihn seiner Verpflichtung entlassen wolle, wenn Z. dem D., einem Schwager des C., sich vertragsmäßig verbindlich mache, einen gleichen Bau auf dem Gute des D. zu errichten. Welcher Vertrag auch zustande kommt.

Die Forderung gegen Y. verschenkt C. an H. Dieser verkauft sie an J., der den Y. dem E. an Zahlungs Statt überweist. Zugleich verpfändet C. die von X. noch zu zahlende Schuld dem F.

a) Welche Gläubiger haben X., Y., Z. jetzt?
b) Welche Rechtsgeschäfte standen in obigen Tatbeständen in Frage? In was für Formalitäten mußten sie nach älterem, klassischem, justinianischem Rechte vorgenommen werden?
c) Welche *obligationes* und *actiones* waren jemals begründet?
d) Wenn für die Schuldner X., Y., Z. je ein Bürge eingetreten war: haften diese Bürgen auch nach den angeführten rechtlichen Veränderungen noch?

2. Es hat G. gegen S. eine Darlehensforderung auf 300 ℳ, fällig in fünf Jahren. G. verkauft sie an C. Dieser überweist sie seinem Schwiegersohne B. als Mitgift. B. bestellt sie seinem Gläubiger A. als Pfand für eine Forderung, die er bei ihrer demnächstigen Fälligkeit nicht zu bezahlen imstande ist.

Nunmehr stirbt G. und wird von H. beerbt.

Wie würde ein römischer Jurist diese Verhältnisse rechtlich auseinander zu setzen haben, und zwar

a) im Zeitalter des Augustus;

b) nach Fertigstellung des Corpus iuris civilis?

3. A. ist dem B. 50 ℳ schuldig, und B. ebensoviel dem C. Sie kommen dahin überein, daß B. den A. seiner Schuld entläßt, dabei aber A. die Schuld des B. an C. zu zahlen übernimmt. C. ist damit einverstanden.

Dabei hatte A. nicht beachtet, daß ihm seinerseits eine Forderung von 25 ℳ gegen B. zustand, als die erwähnte Übereinkunft getroffen wurde.

Kann A. sich jetzt noch darauf berufen und die 25 ℳ auf die Forderung des C. aufrechnen?

4. Im 16. Jahrhundert lebte in der hessischen Stadt Alsfeld der Wollenweber Kulman Zan, ein wohlhabender und angesehener Mann. Er hatte von dem Schneider Konrad Sibold aus mehrjährigen Geschäften 460 Gulden 18 Albus zu fordern. Diese Forderung überließ er am 13. Mai 1557 dem Seilermeister Ulrich Bornfleck gegen Barzahlung einer Summe, die niemals genau bekannt geworden ist.

Bornfleck stand allgemein in dem Rufe, seine Kunden zu überteuern und in Geldgeschäften ein harter und rücksichtsloser Gläubiger zu sein. Als daher Sibold am Morgen des 14. Mai von einem Knechte des Kulman Zan zufällig von dem abgeschlossenen Handel erfuhr, verfügte er sich eilends zu diesem und flehte ihn an, ihn doch nicht völlig in die Hand des ihm auch persönlich verfeindeten Bornfleck fallen zu lassen; es sei ihm unmöglich, jetzt die ganze Summe zu beschaffen, aber er hoffe, in baldiger Zeit von einem Verwandten seiner Ehefrau etwas zu erben. Zan ließ sich erweichen und stellte dem Schuldner eine Urkunde aus, worin er ihm bescheinigte, 100 Gulden bar erhalten zu haben, mit 32 Gulden 9 Albus Gegenforderung des Sibold für gelieferte Waren aufzurechnen, 27 Gulden 9 Albus aber in freier Überlegung schenkungsweise zu erlassen. Mit Bornfleck, fügte er mündlich hinzu, wolle er sich schon auseinandersetzen.

Letzterer hatte aber ganz andere Absichten. Er meldete sich am 18. Mai bei Konrad Sibold; zeigte ihm das Dokument über die geschehene Abtretung vom 13. Mai und forderte sein Geld, indem er das Abkommen vom 14. Mai in nichts gelten lassen wollte.

Sie konnten sich nicht einigen. Am 31. Mai fiel an Sibold die Erbschaft des ihm verschwägerten Henne Winckelmann, der sowohl von Kulman Zan 42 Gulden 10 Albus, als von Ulrich

Bornfleck noch 67 Gulden 16 Albus zu fordern hatte. Auch entdeckte jetzt Sibold, daß er von seinem alten Gläubiger Zan aus Verkäufen noch 10 Gulden, versehentlich beiderseits übersehen, zu fordern habe.

Wieviel hatte nun Konrad Sibold an den Ulrich Bornfleck rechterweise bar zu zahlen?

(1 Gulden = 30 Albus = 171 heutige Reichspfennige.)

XXI

1. Von welchen Endigungsgründen von Obligationen ist in folgenden Tatbeständen die Rede?

a) Ein Vater berichtigt die Schulden seines volljährigen Sohnes.

b) Von einem Schuldner wird Erfüllung angeboten, der Gläubiger verweigert die Annahme, da er von einer noch zu tilgenden Verpflichtung gegen den anbietenden Schuldner befreit sein will.

c) Ein Landwirt stand wegen eines Pferdes in Kaufunterhandlungen. Als er bei einer Besichtigung das Tier streichelte und klopfte, schlug es plötzlich aus und verwundete den Kauflustigen. Nachmals kauft dieser es doch.

d) Man sendet einem Gläubiger, der 4 ℳ zu fordern hat, den Betrag in Briefmarken ein.

e) Ein Kaufmann geriet in Zahlungsverlegenheit. Er wendete sich an seine Gläubiger mit der Aufforderung, sie möchten gegen Berichtigung einer gleichmäßig bemessenen Quote ihrer Forderungen auf den Rest verzichten. Sämtliche Gläubiger unterzeichneten Schriftstücke eines jener Aufforderung entsprechenden Inhaltes.

f) X. hat von Y. noch Geld zu fordern. Y., der in zerrütteten Vermögensverhältnissen lebt, erklärt dem X., daß sein Verwandter Z. statt seiner die Schuld bezahlen werde. X. ist damit einverstanden, und es kommt eine dementsprechende Einigung unter den Dreien zustande.

g) Gegen eine Darlehensklage wandte der Beklagte ein, daß er dem Gläubiger Fuhren geleistet und nach ihrer Leistung mit ihm mündlich verabredet habe, daß als Entgelt für die geleisteten Fuhren die 600 ℳ Darlehen verrechnet werden sollten.

2. In welcher Art und Weise findet nachstehend die Tilgung der betreffenden Obligation statt?

a) Es erhebt jemand Klage aus einem Schenkungsvertrage, wird aber damit rechtskräftig abgewiesen.

b) Bei Eröffnung eines Testamentes findet sich die Verfügung, daß der jetzt Verstorbene letztwillig dem einen seiner Schuldner das vermacht hat, was dieser ihm schuldig war.

c) Ein Gläubiger verabredet mit seinem Schuldner, dessen Forderung an einen Dritten er berichtigen will, daß jener hierauf seine Schuld an ihn abrechne und diese insoweit durch gegenseitige Anrechnung zwischen ihnen beiden getilgt werde.

d) M. stellt dem N. folgende Quittung aus:

Ich Endesunterzeichneter bekenne, daß mir mein Bruder N. alles, was ich an Erbteil von ihm zu fordern habe, richtig ausbezahlt hat, und verzichte hiermit auf jegliche Forderung.

In der Tat war der fragliche Erbteil nicht bezahlt worden.

3. Welches ist die rechtliche Wirkung der kommenden Zahlungen?

a) Der Vormund bezahlt eine Schuld des Mündels.

b) Ein Schuldner des Mündels liefert diesem das schuldige Geld ab.

c) Man bezahlt eine rückständige Kaufschuld dem Darlehensgläubiger seines Gläubigers.

d) Es wird einem Weinreisenden, der sich durch Vollmacht legitimiert hat, der Betrag der letzterhaltenen Sendung ausgehändigt.

e) Eine Dame spielt in der Lotterie und sendet rechtzeitig die fällige Rate ihres Einsatzes an den Kollekteur durch Postanweisung, vergißt aber, ihren, der Absenderin, Namen dabei anzugeben.

f) Laut Kodizill war C. verpflichtet, dem X. eine bestimmte Summe als Vermächtnis zu zahlen. Statt dessen bezahlt es der Miterbe D., in dem irrigen Glauben, seinerseits dazu verbunden zu sein.

4. Da Sancho Pansa — nach der Erzählung des CERVANTES — Statthalter von Barateria geworden war, entstand vor ihm ein Rechtsstreit wegen eines Darlehens von 10 Talern, das der Geber einklagte, indessen der Empfänger zu schwören bereit war, daß er jenem das Geld wiedergegeben und ihn in der Tat und Wahrheit bezahlt habe. Und weil der Kläger mit der Eidesleistung einverstanden war, so schwur der andere: er habe die Taler aus seiner Hand in die des Gläubigers zurückgegeben, der nur aus Unachtsamkeit sie hin und wieder nochmals von ihm verlangt habe.

Es hatte aber der Schwörende vor der Eidesleistung einen breiten Rohrstock, auf den er sich stützte, seinem Gegner, um ihn zu halten, in die Hand gegeben; und in diesem Stocke, den er nun wieder in Empfang nahm, waren 10 Goldtaler verborgen gewesen.

War eine juristisch wirksame *solutio* vorhanden gewesen; und warum oder warum nicht?

5. Der Kaufmann U. verkehrte bis Ende vorigen Jahres in dem X.schen Restaurant, bei dessen Inhaber er im Dezember bei Zahlung der Zeche eines Tages einen Pfennig schuldig blieb. Infolge eines Streites zwischen Wirt und Gast blieb der letztere aus dem Lokal fort, und aus Ärger darüber sandte der Restaurateur am 1. Januar dem U. einen eingeschriebenen Brief, worin er um Zahlung des schuldig gebliebenen Pfennigs ersuchte. U. sandte sofort diesen Betrag durch Postanweisung an den Gläubiger. Der aber verweigerte die Annahme, weil U. das Bestellgeld mit 5 ₰ und 30 ₰ Porto für den eingeschriebenen Brief einzuzahlen unterlassen hatte.

Nunmehr beschritt X. den Klageweg.

Wie ist hierüber begründetermaßen zu urteilen?

Kommt vielleicht l. 4 D. de in integrum restitutionibus (4, 1) in Betracht? Oder l. 9 § 5 — l. 11 pr. D. de dolo malo (4, 3)? Oder l. 54 D. de C. E. (18, 1)?

6. Musäus erzählt in seinen *Legenden vom Rübezahl*, wie ein armer Bauer, namens Veit, durch seine Gläubiger hart bedrängt und von seinen Verwandten gänzlich im Stiche gelassen, die Hilfe Rübezahls angerufen und von diesem gegen einen Schuldbrief 100 Taler als zinsbares Darlehen auf drei Jahre erhalten habe.

Am Zahlungstage stellte sich Veit pünktlich mit dem Gelde an der Höhle im Gebirge ein, wo er damals den Geist angetroffen. Doch dieser ließ sich weder hören noch sehen und erschien auf kein Rufen.

Betrübt trat Veit den Rückweg an. Da erhob sich vom Walde her ein wirbelnder Wind, der unter den Blättern, womit er spielte, auch ein Papier wehend vor sich hertrieb. Veits Knabe haschte es und brachte es dem Vater. Als dieser das zusammengerollte Papier aufschlug, um zu sehen, was es wäre, fand er, daß es der Schuldbrief war, den er an den Berggeist ausgestellt hatte, von oben herein zerrissen, und unten stand geschrieben: Zu Dank bezahlt.

Was für einen Rechtsakt hatte hier Rübezahl vorgenommen? In welcher Form hätte das nach römischem Rechte geschehen müssen? Welche rechtliche Wirkung knüpft sich daran?

Cf. l. 2 § 1 D. de pactis (2, 14); — l. 24 D. de probationibus et praesumptionibus (22, 3).

7. Ein Mieter wurde angeklagt, weil er heimlich seine Sachen aus dem Gewahrsam des Vermieters weggenommen, der sie wegen rückständigen Mietgeldes zurückbehalten hatte (StGB § 289). Er wandte ein, daß er aus Darlehen eine Gegenforderung gegen den Vermieter habe, durch welche seine Mietschuld völlig gedeckt sei.

Wie hat das Gericht zu erkennen?

8. Welche Rechtsfolgen treten bei folgenden Tatbeständen ein?

a) Gläubiger und Schuldner sterben und werden der erstere von M., der zweite von M. und N. beerbt.

b) Für einen Schuldner S. hat sich B. dem Gläubiger G. gegenüber verbürgt. Es stirbt B. und wird von G. beerbt.

c) Es war für den S. außer dem B. noch C. als Bürge eingetreten; und dieser beerbt nun zusammen mit G. den B.
d) In dem gleichen Falle, wie unter c), traf der eine Bürge B. mit G. ein Abkommen, wonach G. dem B. gegen gewisse Leistungen seine Forderung an S. zedierte.

XXII

1. Von welchen juristischen Begriffen ist im folgenden die Rede?

a) Man erzählt von Anselm Rothschild in Frankfurt a. M., daß er seinem nach Berlin zu einem Winteraufenthalt reisenden Sohne eine Anweisung an seinen dortigen Geschäftsfreund *auf unbegrenzten Kredit* mitgegeben. Als aber der junge Rothschild stets gesteigerte, ungeheuere Summen zur Deckung von Spielverlusten gefordert, so habe das Berliner Haus ihn hingehalten und zuvor in Frankfurt angefragt. Worauf der alte Anselm persönlich in Berlin erschien, jenem Hause wegen der Nichtachtung der gegebenen Anweisung alle weitere Verbindung kündigte, seinen Sohn freilich unter den geflügelten Worten mit sich nahm: *Rothschild kann sich alles erlauben, zu spielen aber nicht.*
b) Ein Gutsverwalter war in mißliche Verhältnisse geraten. Sein Sohn machte sich dem Hauptgläubiger gegenüber verbindlich, den Schuldenrest, wie dieser in der Schlußrechnung des Gläubigers mit seinem Vater werde festgesetzt werden, zu berichtigen.
c) B. hatte unter einen Schuldschein geschrieben: Für die obige Schuld des S. an G. übernehme ich volle Garantie, jedoch nur auf die Dauer eines Jahres.
d) X. versprach dem Y.: Wofern Dir Z. die schuldigen 500 ℳ nicht pünktlich bezahlt, werde ich Dir mein Reitpferd geben.
e) Die M. kauft Waren von P. auf Borg, um sie ihrem Bruder Q. zu geben, der bei P. keinen Kredit genießt, jedoch verspricht, ihr, der M., am Zahltage das Geld zur Verfügung zu stellen.
f) Der G. zediert dem C. eine Forderung an den S. und garantiert dabei, daß S. pünktlich zahlen werde.
g) Ein Reisender wird von einem Geschäftshause engagiert. Sein Vater macht sich anheischig, für alle etwa dem Hause aus der Geschäftstätigkeit seines Sohnes erwachsenden Ansprüche voll einzustehen.

2. S. möchte von G. Geld aufnehmen und erbietet sich, seinen Bruder A. als Bürgen zu stellen. Der G. will aber mit A. nichts zu tun haben und ist deshalb nur geneigt, dem S. den Kredit zu bewilligen, wenn B. für den S. Sicherheit übernimmt.

Darauf bereden A. und S. den B., solches zu tun, indem A. ihm Schadloshaltung im Falle der späteren Insolvenz des S. verspricht.

Hiernach kommen die vorgesehenen Geschäfte zustande.

Welche Rechtsverhältnisse und *actiones* sind begründet?

3. Wie unterscheidet sich der in SCHILLERS *Bürgschaft* behandelte Tatbestand von den verschiedenen Arten der Verbürgung des römischen Obligationenrechtes?

4. SUETONIUS berichtet von der Fürsorge des Kaisers Claudius zur Zeit einer in Rom herrschenden Hungersnot und beschreibt dabei verschiedene Mittel, die er zur Hebung der Getreideeinfuhr ergriffen; im besonderen wurden den Erbauern von Transportschiffen direkte Vorteile versprochen und mit Getreidehändlern besondere Verträge abgeschlossen, deren Inhalt der Historiker dahin wiedergibt: *nam et negotiatoribus certa lucra proposuit, suscepto in se damno, si cui quid per tempestates accidisset.*

Welche begriffliche Abweichung ist in einer solchen *promissio indemnitatis* (cf. l. 8 § 1 D. ad SC. Velleianum 16, 1) gegenüber der *fideiussio* und den anderen Arten der Verpflichtung eines Bürgen gegeben?

5. E. hat sich für eine Darlehensschuld seines Bruders F. bei G. verbürgt. Von G. auf Zahlung belangt, schützt E. vor, daß F. zur Zeit der Eingehung der Darlehensschuld sich noch in der Gewalt ihres gemeinsamen Vaters befunden habe. G. erwidert, daß F. nach erfolgtem Austritte aus der *patria potestas* die Darlehensschuld anerkannt habe.

Wie ist begründetermaßen zu entscheiden?

L. 9 § 3 D. de SC. Macedoniano (14, 6); — § 5 I. 3, 20; — l. 19 D. de exceptionibus (44, 1).

6. Zwei Brüder kaufen zusammen eine Sache für 200 ℳ und bleiben das Kaufgeld schuldig, indem sie sich einer für des andern Schuld verbürgen.

a) In welcher Art kommen hier die verschiedenen Rechtswohltaten der Bürgen in Betracht?

b) Wie wäre es, wenn in solcher Weise zwei Schwestern aufgetreten wären?

c) Oder, falls Bruder und Schwester, wie angegeben, verfahren hätten?

d) Oder, wenn es drei Brüder (— oder Schwestern, — oder gemischt) gewesen wären?

Drittes Buch.

Sachenrecht.

XXIII

1. Der Mieter M. pflanzt Rosen in dem zu seiner Wohnung gehörigen Garten des V. Da M. nach Ablauf des Mietvertrages die Stadt verlassen will, so schenkt er diese Rosen seinem Freunde O.

Wie steht es mit dem Eigentumsrechte an jenen Rosenstämmen? Und wie mit den obligatorischen Ansprüchen, die hier zur Erwägung gezogen werden können?

2. Nach der Erzählung des DIONYSIUS HALICARNASSENSIS sollen im Jahre 298 p. u. c. zwei Plebejer am Aventin in Rom zusammen ein Haus gebaut und dann nach Stockwerken unter sich verteilt haben.

Wie war dieses Rechtsverhältnis aufzufassen und durchzuführen?

3. Drei Fischer hatten am Stenderupper Strande in Holstein an der Ostseeküste drei Aalwehren seit Menschengedenken in Benutzung gehabt. Als nun ein vierter Fischer begann, ähnliche Aalwehren dort anzulegen, so klagten jene drei auf Untersagung der Ausführung dieses Planes, da sie für den Aalfang die ausschließliche Nutzungsbefugnis jenes Teiles des Meeres erworben hätten.

Wie ist hierüber zu befinden?

4. Der Küfer einer großen Weinhandlung hatte aus Rachsucht, wegen Dienstentlassung, mehrere große Fässer edlen Weines angebohrt, so daß der Wein auslief, den Keller überschwemmte und auf die Straße floß. Vorübergehende brachten von diesem *vinum profluens* sich einiges in Sicherheit.

Hatten sie sich fremdes Gut zugeeignet?

5. Ein Landpfarrer klagt einem befreundeten Juristen, daß die Bauern des Dorfes sich gern beikommen ließen, zu feldwirtschaftlichen Zwecken über den Kirchhof zu fahren. Er fragt: ob (unter Zugrundelegung der Bestimmungen des römischen Rechtes) diese freie Benutzung des befriedeten Ortes jedem gestattet sei, oder ob jemand, und wer, befugt sei, hiergegen Einsprache zu erheben?

6. X. hat von der Gemeinde G. ein Erbbegräbnis gekauft. Irrtümlich wird eine andere Person darin beerdigt.

Kann X. Wegnahme verlangen? Welche *actio* kommt in Frage?

7. In der Schweiz war es bisher an vielen Orten üblich, daß zu Gesangsvorträgen bei Sängerfesten die Kirche benutzt wurde, da in der Regel sie allein den nötigen Raum bietet. Die katholischen Kirchenbehörden haben später diesen Gebrauch untersagt, und darüber ist es vielfach zu Zwistigkeiten gekommen. So auch in Reiden (Kanton Luzern), woselbst Pfarrer Thüring das Verbot damit rechtfertigte, daß er ausführte, die Kirche gehöre weder der Gemeinde noch der Regierung, sondern sei das alleinige Eigentum Gottes. Bei diesen Worten wurde hinten in der bewegten Versammlung die halb unterdrückte Stimme eines Bäuerleins vom Reidener Moos laut, welches meinte: *Chönnt mer ächt da die umtlich Fertigung au gseh?* (Könnte man vielleicht die amtliche Beglaubigung auch sehen?)

Wie ist über diese Streitsache nach §§ 7, 8 I. 2, 1 zu urteilen?

XXIV

1. Wie steht es in folgenden Fällen mit Erwerb und Verlust des Eigentumes?

a) A. schließt mit B. brieflich einen Kaufvertrag über einen Rappen ab, den er früher bei B. gesehen. Da er Gelegenheit hat, ihn an C. weiterzuveräußern, so schreibt er, unter Übersendung des Kaufpreises, an B., daß er das Pferd an C. senden möge, der es zur Probe reiten und dann zunächst an B. wieder zurückgeben solle. B. gibt dem C. Nachricht, daß er ihm das Tier schicken werde und läßt den Rappen darauf auf der Bahn verladen.

b) Von einer größeren Menge in Fässern lagernden Fettes hatte ein Kaufmann 200 Fässer an einen anderen Kaufmann auf Kredit verkauft und diesem geschrieben, daß er die 200 Fässer für ihn auf Lager nehme. Unmittelbar darauf brach über das Vermögen des Verkäufers der Konkurs aus.

c) Der Chef eines Handlungshauses, das an eine andere Firma 300 Säcke Reis verkauft hatte, ließ der Erwerberin die Schlüssel zum Magazin einhändigen, um sich die 300 Säcke, die in einem besonderen Raume ausgeschieden lagerten, selber zu holen, wann und wie es ihr passe. Die Käuferin ließ durch ihre Leute alsbald 50 Säcke abholen, nach drei Tagen weitere 100 Säcke; der Rest blieb einstweilen bis zur Zahlung des Kaufpreises liegen, nach welcher wieder 50 Säcke abgeholt wurden.

2. N. hat den lebenslänglichen Nießbrauch an dem Grundstück *abcd*, einem mit Obstbäumen bepflanzten Grasgarten und kleinem Steinbruch (bei *d*). Es gehört dem E. — N. überläßt unentgeltlich dem Landwirte L. das Heu, mit dem Bedinge, daß L. es selbst mähen und sich holen müsse. Zugleich tritt N. dem Handelsmann K. die demnächstige Obsternte gegen eine runde Summe ab. — L. mäht das Gras zwischen *hbefi* und läßt es zum Trocknen liegen. In der Nacht stirbt N.; sein Erbe ist H. — Es entsteht Streit, und es stellt sich heraus, daß der Abschnitt *efg* während des Nießbrauches des N. vom Flusse angeschwemmt ist.

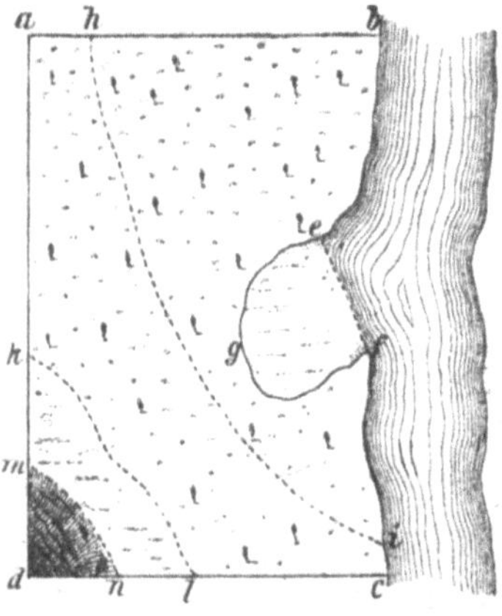

a) Wem gehört die Anschwemmung zu Eigentum?

b) Wer ist Eigentümer des Grases: α) des gemähten? β) des noch stehenden?

c) Wie verhält es sich mit dem Obst: ist K. oder H. oder E. daran berechtigt?

d) Wie stände es, wenn bereits Obst durch den Wind gefallen wäre? oder von L. beim Mähen heimlich abgepflückt? oder von N. abgemacht worden wäre?

e) N. hat zwei Obstbäume gefällt; den einen auch in seine Wohnung schaffen lassen. Rechtsfolgen?

f) Der Steinbruch ist durch Benutzung des N. von *kl* auf *mn* zurückgegangen. E. beansprucht die Steine oder deren Wert. Mit Recht?

g) Bei *m* hatte der Arbeiter Y. in der Tiefe ein Metallkästchen entdeckt und seinen Genossen Z. darauf aufmerksam gemacht, der hinabkletterte und in jenem eine Menge alter in Kriegszeiten versteckter Münzen fand. Sie brachten es zu dem damals noch lebenden N., der es an sich nahm. Wer hat nun Anspruch auf den Fund?

3. Hat *Titius* seine in Meissen gelegenen Weine, Kraft eines aufgerichteten *Instruments*, an *Cajum* käuflich überlassen, selbigem auch diese Weine abzuholen freygestellet; ist aber, ehe und bevor die Abholung geschehen mögen, von *Lucio* aus einem Wechsel-Brief belanget und bewogen worden, die annoch vorhandenen Weine dem *Lucio in solutum* abzutreten und desselben hierzu bestellten *mandatario* würcklich zu übergeben. Als aber nachgehends ein *Concursus creditorum* wider *Titium* entstanden, hat der ehemalige Käufer *Cajus arrest* auf die dem *Lucio in solutum* überlassenen Weine gesucht. Entstehet also die Frage, welchem unter diesen beyden letztern eigentlich die Weine zukommen?

(Aus Leyser, Meditationes ad pandectas.)

4. Die Frau eines Herrn S. in Berlin war an der Lungenschwindsucht gestorben und sollte auf Wunsch des Arztes sofort nach der Leichenhalle übergeführt werden. Neben anderen Sarglieferanten meldete sich auch ein Tischler K., diesem zahlte S. im voraus 75 ℳ für einen anzufertigenden Sarg. Pünktlich brachte K. den Sarg mit einem Gesellen auf einem Handwagen. Da trat der Gerichtsvollzieher M. auf offener Straße an das Fuhrwerk und pfändete für einen Gläubiger des K. den Sarg, obgleich K. angab, daß er ihm gar nicht mehr gehöre. S. nahm sofort den Sarg als sein Eigentum in Anspruch und zeigte dem M. die Quittung über den gekauften Sarg, wurde aber von M. mit dem Bemerken zurückgewiesen, daß der Sarg im Auftrage des Holzhändlers R. gepfändet werde, und man des S. Eigentum nicht anerkennen könne.

Wer war nun Eigentümer des Sarges?

5. Ein in Bremen wohnender Kaufmann, der an der bremischen Grenze im Hannoverschen ein Gut besaß, kam vor vielen Jahrzehnten mit seinen Nachbarn wegen einer Parzelle in Streit. Er bewies, daß er jenen Landstreifen vor etwa 14 Jahren gutgläubig gekauft hatte, und daß das fragliche Terrain nur aus Irrtum von seinem Verwalter während der letzten 3 Jahre in den Händen der Nachbarn belassen worden wäre. Die Nachbarn aber behaupteten, daß das jetzt streitige Land immer ihnen, und nicht dem Verkäufer dss Kaufmannes, gehört hätte.

Wie verhielt es sich nach römischem Rechte mit dem Eigentum an jenem Grundstücke?

Was wäre darüber zu bemerken, wenn in solcher Weise der Fiskus jene Gutsnachbarn verklagt hätte?

6. Ein Papagei entkommt seinem Herrn, wird von diesem aufgegeben und fliegt in den Garten des Publius. Maevius, ein Freund des Publius, ist zufällig in dessen Garten und fängt den Papagei, und zwar in dem Garten des Nachbars Sallustius, jedoch auf einem Baume, dessen Stamm im Garten des Publius steht, dessen Zweige nur in den Garten des Sallustius hinüber hängen

Wer hat den Papagei zu bekommen?

7. Vor einiger Zeit ereignete sich in Nordamerika ein Meteoritenfall. Der Meteorit fiel auf das Grundstück eines Farmers namens Goddard nieder, ohne daß dieser jedoch etwas davon sah. Dagegen hatte ein Nachbar den Vorgang beobachtet und begab sich am nächsten Morgen an Ort und Stelle, um den Stein auszugraben. Dies gelang ihm, und er fand auch alsbald einen Käufer, der eine nicht geringe Summe dafür bezahlte. Als der Eigentümer des Feldes, auf dem der Meteorit niedergefallen war, von dem Verkaufe hörte, verlangte er die Herausgabe des Steines, den der Verkäufer gerade im Begriffe war, dem Käufer zuzuführen.

Wem kommt der Meteorit nach römischrechtlichen Grundsätzen als Eigentum zu?

Übrigens meldete sich auch der Fiskus und verlangte von dem glücklichen Eigentümer 40% des Wertes, wegen Einführung fremden Eisens in das Gebiet der Vereinigten Staaten. Mit Fug?

8. *Vertrag wegen Ausführung von archäologischen Ausgrabungen auf dem Boden des alten Olympia. Vom 12./25. April 1874.*

Die Kaiserlich deutsche und Königlich griechische Regierung haben, von dem Wunsche geleitet, auf dem Gebiete des alten Olympia in Griechenland gemeinschaftlich archäologische Ausgrabungen vorzunehmen, beschlossen, zu dem Behufe eine Konvention abzuschließen und sind über folgendes übereingekommen....

Art. 5. Deutschland behält sich das Recht vor, in der Ebene von Olympia diejenigen Grundstücke zu bezeichnen, welche zu Ausgrabungen geeignet sind, die Arbeiter anzunehmen und zu entlassen, und alle Arbeiten sowohl im ganzen als im einzelnen zu leiten. (NB. Die fraglichen Grundstücke wurden teils von Griechenland, teils von Deutschland erworben, zum Teil verblieben sie im Eigentum von Privatpersonen.)

Art. 6. Griechenland erwirbt das Eigentumsrecht an allen Erzeugnissen der alten Kunst und allen anderen Gegenständen, welche die Ausgrabungen zutage fördern werden. . . .

Wie würde — unter Zugrundelegung des römischen Rechtes — das Eigentumsrecht an den Ausgrabungen zu bestimmen gewesen sein, falls der angeführte Staatsvertrag hierüber nichts enthalten hätte?

Vgl. preuß. Ausgrabungsgesetz vom 26. März 1914.

Wie fügt sich folgender Fall diesen rechtlichen Erwägungen ein? — Am korinthischen Meerbusen zog 1897 ein Fischer in den Maschen seines Netzes eine fast lebensgroße, eherne Bildsäule an das Land, die er einigen Landleuten für eine geringe Summe verkaufte. Die Bildsäule stellte den Poseidon dar und stammte aus dem sechsten vorchristlichen Jahrhundert. Die Käufer glaubten, daß sie Schätze berge und schlugen sie in Stücke; der Kopf blieb glücklicherweise unbeschädigt. Ein griechischer Arzt hörte von dem Funde, und der Vermittlung der Polizei gelang es nach vieler Mühe. die Landleute zum Geständnisse ihrer Tat und zur Angabe des Platzes zu bewegen, an dem sie die Bildsäule verborgen hatten.

9. Die norwegische Barke *Elsa Anderson* brachte vor kurzem das Wrack einer englischen Brigg ein, die vor langen Jahren untergegangen war. Ein unterseeisches Erdbeben bei den Faröern hatte die Brigg wieder an die Oberfläche des Meeres gebracht. Der Rumpf des Schiffes war mit Seemuscheln bedeckt. In der Kapitänskajüte fand man mehrere eiserne Kisten. Die darin befindlichen Schriftstücke waren breiartig geworden bis auf einen ledernen

Sack. Dieser war so hart, daß man ihn mit einer Axt aufschlagen mußte. In dem Sacke befanden sich etwa 1000 englische Sovereigns vom Jahre 1809. Auch waren mehrere Uhren darin, die vom Seewasser natürlich völlig wertlos gemacht worden waren. Man fand in dem Schiffe außerdem drei Menschenskelette.

Wem gehörte nun Schiff und Ladung?

10. Ein äußerst seltenes und wertvolles Tier, ein Goldschwein, hatte vor kurzem ein Bauer erworben. Als der Käufer das wohlgenährte Tier eben nach Hause gebracht hatte und sich gerade damit beschäftigte, ihm Futter in den Trog zu schütten, sah er mit einem Male vor sich auf dem Boden und dicht hinter dem Schweine ein Zwanzigmarkstück glänzen. Der Bauer wollte seinen Augen nicht trauen. Er hob das Goldstück auf, untersuchte es genau, und siehe, es war wirklich echt. Am nächsten Morgen begab sich der glückliche Besitzer des Schweines schon in aller Frühe zu ihm und diesmal fand er auf der nämlichen Stelle wie der gestrigen zwei weitere Goldstücke, alle mit der gleichen Jahreszahl 1872 versehen. Jetzt war der Mann außer sich vor Freude und Aufregung. Keine Minute wich er mehr von dem Wundertiere, welches ihn mit noch drei weiteren Goldstücken beschenkte; er erzählte das Wunder seinen Nachbarn, und bald hatte sich im ganzen Dorfe die Kunde hiervon verbreitet. Da aber nahm die Sache plötzlich eine weniger frohe Wendung. Der Verkäufer des Schweines stellte sich nämlich ein und forderte die gefundenen Goldstücke als sein Eigentum, indem er behauptete, daß die letzteren sowie noch vier andere Goldstücke, welche sich nebst einem Portemonnaie in dem — Magen des Tieres befinden müßten, den Preis einer von ihm verkauften Kuh darstellten.

Was war in diesem Falle Rechtens?

11. Ist in nachstehenden Tatbeständen eine Änderung in den Eigentumsverhältnissen durch die fragliche bearbeitende Tätigkeit (§ 84 I. 2, 1) eingetreten?

a) Nach einer verbreiteten Erzählung soll Raphael zu dem Entwurfe seiner Madonna della Sedia durch eine auf einem Spaziergange beobachtete Gruppe eines ländlichen Familienlebens begeistert worden sein; er habe das Geschaute alsbald festhalten wollen und in Ermangelung anderen Materiales das allbekannte Bild auf dem Deckel eines dem dortigen Winzer gehörigen Fasses ohne weiteres in Angriff genommen und auf diesem das Gemälde dann ausgeführt.

b) Man setze den Fall, daß ein beliebiger Dritter auf einem solchen Faßdeckel eines andern eine grobe Karikatur hingezeichnet habe.

c) Von einer Fabrik werden die zur Versendung gelangenden Fässer mit einer näher ausgeführten Marke der Firma mittels

Schablonen gezeichnet. Aus Irrtum kommt das Bild dieser Fabrikmarke auf einige, dritten Personen gehörige Fässer.

d) Apelles suchte auf einer Reise die Bekanntschaft des Malers Protogenes auf Rhodus zu machen, traf diesen aber nicht zu Hause an. Auf die Frage der Sklavin nach seinem Namen ergriff Apelles einen Pinsel und zog mit diesem auf eine zum Bemalen bereit stehende Tafel eine Linie von äußerster Feinheit, als Angabe davon, wer dagewesen. Der heimkehrende Protogenes erkannte sofort die Meisterhand des Apelles; er zog mit einer anderen Farbe über jene Linie eine zweite noch feinere, also daß die Farbe der ersten über der seinigen zu beiden Seiten heraustrat. Da nun Apelles zum andernmal ihn vergeblich aufsuchte und die zweite Linie gewahrte, so zog er mit einer dritten Farbe einen weiteren Strich über die anderen, in einer Feinheit, daß die dritte Linie nun nicht mehr zu spalten war.

(Die große Tafel, die nichts anderes, als jene Linien enthielt, wurde im Altertume noch lange als Probe äußersten Geschickes in der Malkunst gezeigt; bis sie bei einem Brande vernichtet worden sein muß. — Plinius, Hist. nat. XXXV, 81—83.)

e) Von dem berühmten niederländischen Porträtmaler Hals wird erzählt, daß er, um über seine schlechten Vermögensverhältnisse den Vermieter, bei dem er wohnte, zu täuschen, die getünchten Wände des Schlafzimmers mit Bildern kostbarer Gewänder so naturgetreu bedeckt habe, daß jener lange Zeit den Maler im Besitze einer wertvollen Garderobe glaubte. Als die Sinnestäuschung an den Tag kam und Hals ausziehen mußte, so nahm er einen Tisch des Vermieters mit sich, da er das Möbelstück inzwischen mit fein ausgeführten Skizzen bemalt hatte.

XXV

1. X. übergibt dem Y. ein Gemälde:

a) da Y. es als Geschenk erhalten soll;
b) um es dem X. während einer Reise desselben aufzuheben;
c) nachdem Y. sich als Bote des Käufers dieses Bildes ausgewiesen hat;
d) auf daß Y. eine Kopie davon anfertige;
e) weil Y. andere Bilder dagegen zu liefern versprochen hat;
f) damit Y. es gegen entsprechende Bezahlung einrahme;
g) indem X. der Direktor und Y. der Diener des städtischen Museums ist, und letzterer im Auftrage jenes das Gemälde ver-

packen und dem Spediteur zum Transporte für die in einer anderen Stadt veranstaltete Gemäldeausstellung übergeben soll;

h) mit der Beredung, daß Y. es als Pfand, zur Sicherheit für eine ihm gegen X. zustehende Geldforderung haben möge.

Fragen:

a) Welche Rechtsverhältnisse liegen vor?

b) Wie steht es in jedem einzelnen Falle mit dem Besitze des Gemäldes?

c) Wie mit dem Eigentume?

2. Der Hirt Daos fand im Walde ein Knäblein liegen, das hatte am Hals ein Kettchen und sonst noch ein wenig Schmuck. Er nahm das Kind mit nach Hause, gab es dann aber an den Kohlenbrenner Syriskos weiter. Dieser erfuhr später, daß mit dem Kinde zugleich auch Schmucksachen gefunden waren. Er verlangte sie von Daos heraus, der das verweigerte.

(Aus Menander, Der Schiedsspruch, deutsch v. Robert.)

Was ist hier über Besitz und Eigentum an den streitigen Sachen zu bemerken?

3. Von einem berüchtigten Pferdediebe erzählt Henneberg in seiner *preußischen Chronicke:* daß jener, da er einem Pfarrer sein Pferd entwenden wollte, sich als lahmer Bettler verkleidet und an der Straße, die der Pfarrer auf seiner Reise passieren mußte, im Graben niedergesetzt hatte; zwei Krücken, die er bei sich geführt, hatte er zuvor auf den Baum geworfen, unter dem er saß. Da nun der Prediger ankam, so rief der listige Vogel: Ach lieber Herr! ich kann nicht fortkommen, denn zween böse Buben, so hier waren, haben aus Mutwillen mir meine beyden Krücken genommen und auf diesen Baum geworffen. Nun muß ich allhier verderben, denn ohne Krücken kann ich nicht gehen. Diese Klage machte den guten Prediger so treuhertzig, daß er von seinem Pferde stieg, dem vermeynten lahmen Manne die Zügel davon in die Hand gab, daß er es halten sollte; er legete seinen Reit-Rock darauf und stieg auf den Baum, die Krücken herunter zu schmeissen. Da nun derselbe hinan gestiegen war, schwung sich der Dieb eiligst auf das Pferd, ritte schnell davon, und mußte der Prediger betrübt zu Fusse gehen.

Welches Vergehens hatte sich jener Gauner nach unserem Rechte schuldig gemacht?

Diebstahl — StGB § 242: Wer eine fremde bewegliche Sache einem andern in der Absicht wegnimmt, dieselbe sich rechtswidrig zuzueignen. . . .

Unterschlagung — StGB § 246: Wer eine fremde bewegliche Sache, die er in Besitz oder Gewahrsam hat, sich rechtswidrig zueignet. . . .

4. In der Provinz Honon lebte die reiche Familie Tscheu, deren Oberhaupt ein junger Gelehrter, namens Jong-tsa war. Dieser beschloß, nach der Hauptstadt zu ziehen und dort das Lizentiatsexamen zu bestehen. Die von seinen Vorfahren angehäuften Reichtümer bestanden in einer großen Zahl von Gold- und Silberbarren. Er nahm einige von diesen für die Reisekosten und vergrub die übrigen heimlich am Fuße einer verfallenen Mauer, die in der Umfriedigung seines Gartens stehen geblieben war. Dann reiste er ab und hinterließ das Haus in der Obhut eines alten Dieners. — Als dieser Verwalter nach einiger Zeit Geld nötig hatte, verkaufte er die Steine jener alten Gartenmauer. Der Vermittler des Kaufes, Kia-jin, übernahm selbst die Arbeit, die Mauer abzutragen. Dabei fand er die Barren und nahm sie mit sich.

(Aus *Chinesische Novellen*, deutsch von Thal.)

Wie steht es hier mit Besitz und Eigentum? Was für Rechtsverhältnisse kommen in Frage? Wie ist die Handlung des Kia-jin juristisch zu bestimmen?

5. Bei einem Picknick im Walde fing einer der Teilnehmer in seinem Übermute eine herumlaufende Henne, welche aus einem nahen Gehöfte entwichen war. Die Beute wurde geschlachtet, gebraten und frohgemut verzehrt.

War dieses wirklich eine ganz harmlose Sache; oder haben sich die Beteiligten nicht einer strafbaren Handlung schuldig gemacht?

6. Eine Bauernfrau traf einen Hasen in einer Schlinge, die ein Wilderer gestellt hatte. Sie nahm das Tier heraus, konnte aber seiner nicht Herr werden, da Freund Lampe immer heftiger strampelte und sich wehrte. Nun wollte sie ihn mit ihrem Kopftuche erwürgen. Kaum war jedoch dem Hasen die kunstgerecht hergerichtete Schlinge um den Hals gelegt, als er sich losriß und mit dem Tuche das Weite suchte, dabei 45 *M.* mitnehmend, die von der Frau als Markterlös in das Tuch eingebunden waren.

Man vergleiche damit die Erzählung des Herodot: Ein Adler entführt der badenden Rhodopis eine Sandale, trägt sie zu König Psammetich und läßt sie in dessen Schoß fallen. Der König, überrascht durch das wunderbare Geschenk, befiehlt, die Herrin der Sandale, die den lieblichsten Fuß ahnen läßt, im ganzen Lande zu suchen, und erhebt die endlich Gefundene zu seiner Gemahlin.

Welche Rechtsfolgen sind in diesen Tatbeständen aus der Lehre von Besitz und Eigentum zu bemerken?

7. Wie stand es mit Besitz und Eigentum an dem Ring des Polykrates: da der Tyrann das Kleinod den Erinnyen weihte und in das Meer warf; — dasselbe von einem Fische verschlungen wurde; — diesen ein Fischer fing; — der dem Fürsten den Fang zum Geschenk darbrachte; — worauf der Fisch der Küche übergeben würde; — allwo der Koch (entweder ein Sklave oder ein freier Diener) in des Fisches Magen den Ring entdeckte; — und diesen seinem Herrn eiligst ablieferte?

XXVI

1. Welche juristischen Begriffe finden bei nachstehenden Berechtigungen Anwendung?

a) N. nimmt von seinem Nachbarn O. das *Hammerschlagsrecht* in Anspruch, vermöge dessen er die Befugnis habe, zum Zwecke von Ausbesserungen seiner an der Grenze errichteten Baulichkeiten das Grundstück des O. nach Bedarf zu betreten und von dort die erforderlichen Vorrichtungen vorzunehmen.

b) Bei einem Hausbau erlaubt der Nachbar, daß der Bauende Backsteine und Sand auf dem Hofe des ersteren niederlege. und die Maurer, soweit durch den Bau erfordert werde, jenen Hof betreten.

c) Den 20 Bauernhöfen eines Dorfes steht das Recht zu, aus der benachbarten standesherrlichen Waldung Brenn- und Bauholz in bestimmter Quantität zu beziehen. In einem strengen Winter erteilt die Fürstliche Kammer jenen Bezugsberechtigten die Erlaubnis, über jenes Quantum hinaus Holz von der Försterei sich anweisen zu lassen und abzufahren.

d) A. bewilligt dem Besitzer des benachbarten Hofes B. die freie Durchfahrt durch seinen, des A., Hof käuflich dergestalt, daß *der Käufer samt seinen Erben und Erbnehmern* die Befugnis frei und ungehindert zu genießen haben solle; — zugleich erlaubt er dem C., während der diesjährigen Heuernte mit seinen Wagen über das Grundstück des A. zu fahren; — und räumt dem D., einem in der Nähe wohnenden Müller, das Recht, über des A. Hof zu gehen, in der Weise ein, daß nicht bloß der Müller und seine Familie, sondern auch die Mahlgäste des D. den Fußpfad benützen dürfen.

2. V. verkauft seinen schönen Park an K. und bedingt sich dabei aus:

a) Die Benutzung eines Fahrweges durch den Park nach seinem dahinter gelegenen Gute, das sonst von der Landstraße nur auf großem Umwege zu erreichen ist.

b) Die Befugnis, Rosen und andere Blumen zu Buketts usw. gelegentlich pflücken zu dürfen.

c) V. behält das Eigentum an der im künftigen Herbst zu erwartenden Obsternte.

d) Auf einem näher bestimmten Raume soll V. Bäume pflanzen und das von ihnen zu gewinnende Holz zum Bedarf seiner angrenzenden Liegenschaften beziehen dürfen.

e) An der Seite nach dem Hofe des V. zu dürfen keine Gebäude mit Fenstern nach jenem aufgeführt werden.

f) Dem V. wird das Recht eingeräumt, an bestimmter Stelle des Parks eine Laube zu seinem Gebrauche anzulegen.

g) An dem oberen Stockwerke des Aussicht bietenden Gartenpavillons soll dem V. das Eigentumsrecht verbleiben.

Es fragt sich:

a) Was liegt in den verschiedenen Fällen rechtlich vor?

b) Wie würde X., an den K. später den Park verkauft, jeweilig zu der Sache stehen?

c) Wie der Y., an welchen V. sein Gut nachmalig abtritt?

d) Wie deren Erben?

3. Der Landwirt Vierhof hatte seit etwa 12 Jahren einen über des Nachbars Boltz führenden Pfad als Reitweg benutzt und dies in dem Glauben, daß dieses dem Rechte entspräche, offen stets ausgeübt; als sie später in Streit hierüber kamen, so meinte er, daß ihm nach l. 10 pr. D. si servitus vindicetur (8, 5) das Recht nun zweifellos begründet wäre.

Boltz dagegen machte geltend, daß eine solche Servitut überhaupt nicht möglich wäre, da sich ein Reitrecht unter den vier ländlichen Grunddienstbarkeiten des römischen Rechtes nicht fände; und das mit Fug, weil eine derartige Befugnis nur eine persönliche Annehmlichkeit verleihen würde.

Wie war nach römischem Rechte begründet zu entscheiden?

4. Es bestellt jemand seinem Gutsnachbarn ein Triftrecht; dann will er aber selbst sein Vieh noch auf den betreffenden Wiesen weiden lassen. Darf er das?

5. Der Architekt W. war Eigentümer zweier nahe beieinander gebauter Häuser in Hamburg, von denen er vor 20 Jahren das eine an den Agenten V. und gleichzeitig das andere an den Prokuristen U. verkaufte. Das letztere Grundstück reicht bis zur Hausmauer des V. heran. Nun will U. nicht dulden, daß die nach dortigem Brauche auswärts zu öffnenden Fenster fernerhin in seine Luftsäule aufgestellt werden, sowie daß das Traufwasser vom Dache des V. so, wie seither, auf des U. Grundstück herabfalle; während V. darauf sich beruft, daß in ihren beiden mit W. abgeschlossenen Kaufverträgen sich die Klausel finde, daß er das Haus *im augenscheinlichen Zustande* veräußere.

Welche juristischen Erwägungen sind hier maßgeblich? Und welcher der beiden Streitteile befindet sich nach der Lechre des Corpus iuris civilis im Rechte?

6. In dem Buche *Die Häuser von Ohlendorf* erzählt Löns von dem Pächter einer Mühle, der alle um die Mühle gelegenen Wiesen dem Eigentümer der Mühle abkauft und schließlich auch den Weg, der zur Mühle führt, zu Eigentum erwirbt. Als er dann dem Verpächter gegenüber aufsässig wird, und dieser ihm die Pacht kündigen will, zeigt sich, daß man jetzt von der Hauptstraße her keinen Zugang zur Mühle habe.

Was ist nun hierbei zu tun?

7. Die Grundstücke des Blohm und des Lintz stoßen aneinander. Auf der Grenze liegt ein ausgemauerter Ziehbrunnen von kreisförmiger Gestalt. Die Abgrenzung der Grundstücke durchschneidet den Brunnen in der Weise, daß der größere Teil dem Grundstücke des Blohm, der kleinere dem des Lintz zugehört. Beide Nachbarn haben das für ihre Grundstücke nötige Wasser stets aus dem Brunnen geschöpft.

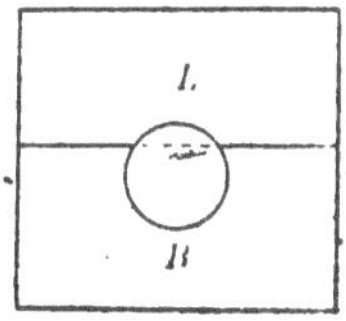

a) Wie ist dieser Sachverhalt juristisch zu bestimmen?

b) Welche Rechtsfolgen würden eintreten, wenn Blohm sein Grundstück an einen Dritten veräußerte?

c) Würde es von rechtlichem Einflusse sein, wenn er es an zwei verschiedene Personen verkaufte?

d) Oder: falls er sich selbst einen, nicht an den Brunnen anstoßenden, Teil des Grundstückes zurückbehielte, zugleich mit dem Rechte, aus dem Brunnen weiter wie seither Wasser zu beziehen?

8. George Rudolph, der mit seiner Ehefrau 18 Jahre in der Ehe gelebt und keine Kinder erzeuget, hat *in anno* 1738 das Unglück, daß ihn im Walde, bei dem Herrenholzmachen, ein abgehauener Buchbaum im Niederfallen mit einem Aste trifft, und am Kopfe tödlich verwundet, darauf er nach Hause gefahren wird und den Richter nebst 2 Schöffen zu sich berufen lässet, vor selbigem ein Testament errichtet, und darinnen seines Bruders Philipp Rudolphs 2 Söhne zu Erben einsetzet, seiner Ehefrau aber den *usum fructum* von seinem Hintersiedlersgütchen *ad dies vitae* verordnet. Diesen *usum fructum* genießt dieselbe 5 Jahre lang, wird aber von einem Sachsen-Eisenachischen Soldaten in ihren alten Tagen gereizet, ihn zu heiraten, da sie denn den ihr geordneten *usum fructum* an ihre Schwester Anna, George Villmars Ehefrau, gegen etwas gewisses *ad dies vitae cediren* will, in welche Cession aber Philipp Rudolphs Söhne nicht gehehlen wollen, sondern bei dem Gerichte dagegen *protestando* einkommen, da denn die Frage entstund: Ob die Wittib Rudolph ihren *usum fructum* an ihre Schwester *cediren* könne? (Aus Theoph. Chr. Becker, Sammlung merkwürdiger Rechtsfälle.)

XXVII

1. Die Kirche zu Ravenna bewilligte dem Präfekten Theodor Calliopa, der von 648—666 Exarch von Italien war, eine Emphyteusis an verschiedenen Grundstücken. Darüber wurden zwei Urkunden, eine von der Bestellerin, die zweite von dem Empfänger, ausgestellt, in welchen die Rechte und Pflichten beider Teile, soweit man aus den erhaltenen Resten der Instrumente schließen kann, genau ausgeführt waren.

(Cf. Spangenberg, Iuris Romani tabulae negotiorum sollemnium.)

Was für Festsetzungen mußten hiernach in jenen Urkunden enthalten sein?

2. Von einem in Emphyteusis hingegebenen Acker wird ein großes Stück von dem vorbeifließenden Strome abgerissen.

Wer trägt den Schaden?

Wie stünde es, wenn das ganze fragliche Grundstück unterwühlt und fortgeschwemmt worden wäre?

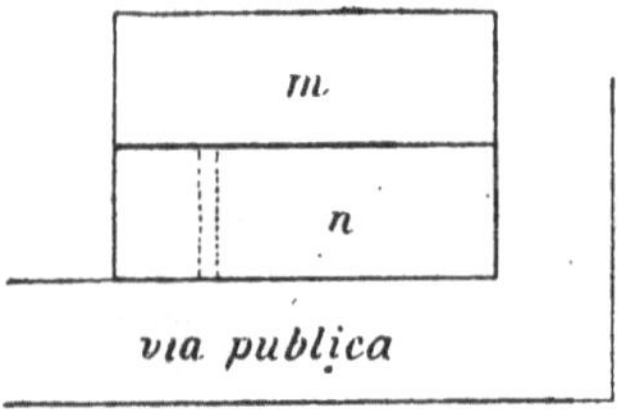

3. Der A. hat das Eigentumsrecht an den Grundstücken *m* und *n*; an *n* ist von dem Großvater des A. dem B. eine Emphyteusis bestellt worden. Jetzt behauptet A. über *n* eine Fahrtgerechtigkeit zugunsten von *m* durch Ersitzung erworben zu haben; — l. 10. pr. D. si serv. vind. (8, 5); l. 25 D. quemad. serv. am. (8, 6).

Der Erbe des B. bestreitet die rechtliche Zulässigkeit dieses Servituterwerbes wegen l. 26 D. de S. P. U. (8, 2).

Wer ist im Rechte?

4. Wie sind folgende Tatbestände nach römischem Rechte juristisch zu bestimmen?

a) Im Erdgeschosse eines Kaufmannshauses befindet sich, dessen halbe Breite einnehmend, ein Gewölbe, welches in Geschäftsräume des anstoßenden Hauses ausmündet und von dessen Eigentümern seit Menschengedenken besessen und benutzt wurde.

b) Von einem Fuhrmanne wird die Benutzung eines benachbarten Pferdestalles gegen jährliches Entgelt ausbedungen; dabei verabredet, daß jeder Teil immer zum ersten eines Monats vier Wochen vorher soll kündigen dürfen.

c) Nach einem anderen Vertrage war die Verpachtung eines Gartens zum Betriebe der Handelsgärtnerei des Pächters auf 25 Jahre geschehen; dem Pächter war dabei von dem Verpächter verstattet worden, in dem Pachtgrundstücke auf seine, des Pächters, Kosten ein Gewächshaus, einen Treibkasten und ein Warmhaus zu erbauen.

Vgl. § 23 Nr. 2.

5. Das Hotel *Zur Tulpe* in Halle a. S. stößt mit seinen Baulichkeiten an die Nordseite des zum dortigen Universitätsgebäude gehörigen Terrains. Mittels Vertrages vom 18. August 1871 gestattete die Universität dem Eigentümer der *Tulpe*, den an die letztere angrenzenden Landstreifen in einer Breite von 15 Fuß mit einer geschlossenen Glashalle zu überbauen; der Universität wurde vorbehalten, das dem Nachbarn eingeräumte Bebauungsrecht jederzeit zu widerrufen und auf Beseitigung der fraglichen Anlage zu dringen. Der Tulpenwirt machte sich verbindlich: a) In der zu erbauenden Glashalle keinerlei lärmende Vergnügungen zu veranstalten; auch von derselben keinen Ausgang nach dem Universitätsterrain anzulegen. b) Auf die Dauer des Verhältnisses der Universität einen Freitisch für einen bedürftigen Studierenden zur Disposition zu stellen und in der Weise und in dem Umfange zu gewähren, wie Universitäts-Freitische in den dazu bestellten Restaurants in Halle a. S. gewährt zu werden pflegen.

a) Wie ist das durch den mitgeteilten Vertrag zwischen den Kontrahenten begründete Rechtsverhältnis zu charakterisieren?
b) Wie steht es mit Eigentum und sonstigen dinglichen Rechten an der gemäß des Vertrages nun erbauten Glashalle?
c) Wie wäre nach römischem Rechte zu befinden, wenn ein Dritter die Glashalle beschädigen sollte?
d) Welches ist im besonderen die Rechtslage in Ansehung des Freitisches?

XXVIII

1. Von welchen Rechtseinrichtungen im Sinne des römischen Rechtes ist nachstehend Gebrauch gemacht?

a) Eine Witwe borgt Geld und gibt als Sicherheit dem Gläubiger einen Schmuck.
b) A. erhält von S. ein Pfandrecht an verschiedenen Waren, die mit anderen im Magazine des M. lagern. Dann verpfändet S. dem B. den gesamten Warenbestand in jenem Magazin; und B. erhält die Schlüssel dazu.
c) Von einem Bauern wird einem Geldverleiher als Sicherheit für aufgelaufene Schulden eine Kuh zu Eigentum übergeben, mit der Beredung, daß sie dem Bauern gegen Entgelt vermietet sein solle und bei Zahlung der Schuld an den Schuldner zurückzufallen habe.
d) Der spanische Dichter Jacinto Verdaguer, Verfasser der *Atlantida*, einer der besten spanischen Dialektdichtungen, veröffentlichte eines Tages, daß alle seine Werke, sowohl die gedruckten, als auch die unfertigen Manuskripte, vom Gerichtsvollzieher gepfändet und mitgenommen worden seien.

e) Ein Student versetzt für ein Darlehen seine Legitimationskarte oder sein Anmeldebuch.

2. Der Pfandschuldner S. verkauft die Sache, an der er dem G. ein Pfandrecht bestellt hatte, dem K., dieser ebenso nach einiger Zeit dem N. Bei Fälligkeit der Schuld sind S. und N. nicht bei Kasse. Wie kann G. zu seinem Rechte kommen?

3. Wenn ein Hypothekengläubiger die Pfandsache zwangsweise zum Verkaufe bringen will, muß er

a) die über die Sache abgeschlossenen Miet- und Pachtverträge,
b) eine daran bestehende Servitut,
c) ein anderes an ihr begründetes Pfandrecht

respektieren und hinter diesen zurücktreten?

4. Als der Jurist ROFFREDUS BENEVENTANUS im Jahre 1215 einen *arbor actionum* herausgab, warf er in dem Abschnitte: *De forma libelli in actione hypothecaria* — die Frage auf: *an contra possessorem alternative ut vel debitum solvat vel pignus tradat recte instituatur?*

Die Frage ist in Literatur und Praxis niemals ganz einhellig entschieden worden.

Welches ist im Sinne des römischen Rechtes die begründete Auskunft?

5. Die Athener besaßen eine offizielle Handschrift der bei ihnen aufzuführenden Tragödien. Diese staatliche Handschrift ließ sich ein Ptolemäer nach Ägypten kommen, wobei er eine Garantiesumme hinterlegte. Er ließ eine Abschrift von jener fertigen, sandte diese Kopie nach Athen zurück, behielt das Original und verzichtete auf die Garantiesumme.

(GALENUS, Comment. ad Hippocrat. XVII p. 607 [ed. Kühn].)

Wie sind die hier fraglichen Rechtsverhältnisse juristisch zu konstruieren? Ist es dabei von Belang, ob der Ptolemäer eine Summe Geldes oder etwa einen wertvollen Sklaven zur Sicherheit hingegeben hätte?

Viertes Buch.

Familienrecht.

XXIX

1. Einem Juristen geht nachstehende Anfrage zu:

Kann ich eine Dame, die mir ein Eheversprechen (Jawort) gegeben hat (durch Zeugen nachweisbar), und in ihren Briefen unter anderen folgende Sätze geschrieben hat: *Ich bleibe Dir treu, so lange Du es wünschest; — Ich werde mein Wort nie widerrufen;*

— *Wenn ich es durchaus wünsche, wird die Mutter ihr Jawort nicht verweigern;* — auf gerichtlichem Wege bei Wort oder zur Entschädigung anhalten? Die Dame ist 19 Jahre alt und steht unter dem Schutze eines Vormundes, dessen Jawort ich auch erhalten habe; die Mutter aber, die sich vor kurzem wieder verheiratet hat, hat mir ihre Zustimmung verweigert, und darum hat die junge Dame ihr Wort jetzt auch zurückgenommen.

Von welcher Art der römischen *sponsalia* ist hier die Rede? Wie würde ein römischer Jurist der republikanischen, der klassischen oder der justinianischen Zeit den Liebenden haben bescheiden müssen?

2. Unter welche Begriffe des römischen Rechtes würde man die folgenden Tatbestände zu bringen haben? Und würden die angeführten Handlungen und Verhältnisse in den verschiedenen Perioden der römischen Geschichte rechtlich gestattet und wirksam gewesen sein?

a) Der Graf Leicester entführte 1576 Miß Emma Robsart, die achtzehnjährige Tochter eines Cornwalliser Edelmannes, der sie mit Edmund Tressilian verlobt hatte, — ließ sich heimlich mit ihr trauen und brachte sie nach dem ihm gehörigen Herrensitze bei Cunmor, woselbst er sie vor aller Welt verborgen hielt. (Nach WALTER SCOTT, Kenilworth.)

b) Der letzte Kurfürst von Mainz hatte nahe bei seiner Residenzstadt einen prächtigen Lustgarten, die *Favorite,* angelegt, auf den er sehr stolz war. Haben Sie schon meine *Favorite* gesehen? fragte er einige französische Adlige, die vor der Revolution geflüchtet waren, bei deren Vorstellung. Wir waren heute bei ihr zum Frühstück geladen, antwortete einer von ihnen. (Aus KÖNIG, Die Klubisten in Mainz.)

c) Tatbestand aus GOETHES Stella: Fernando, vermählt mit Cäcilie, die ihm eine Tochter geboren hat, knüpft ein Liebesverhältnis mit Stella an, die von seiner Ehe nichts weiß. Er verläßt seine Familie insgeheim und wohnt mit Stella jahrelang zusammen.

d) Graf Ernst von Gleichen, welcher mit Ottilie von Orlamünde verheiratet war, zog im Kreuzzuge 1228 mit Ludwig dem Heiligen in das gelobte Land. Er geriet in des Sultans von Ägypten Gefangenschaft, in der er sieben Jahre schmachtete, bis ihn des Sultans Tochter Melachsala daraus befreite und als Gattin mit ihm in seine Heimat zog. Seine erste Gemahlin nahm ihn und seine Retterin mit Freuden auf, und beide Frauen lebten mit dem Ritter friedlich beieinander.

e) Heinrich VIII. von England (1509—1547) war mit Katharina von Arragonien vermählt, als er ein Verhältnis mit Anna Boleyn einging. Trotz des Widerspruches des Papstes ließ er durch das Parlament seine Ehe für geschieden erklären und heiratete seine Geliebte. Sie wurde Mutter der Königin Elisabeth (1558—1603). Aber ihr folgten in Heinrichs Ehe noch vier Frauen, wozu ihm teils Scheidung — einseitige oder vereinbarte —, teils Hinrichtung den Weg bahnte.

3. Sind sie verheiratet? fragte ein Amtsrichter einen Zeugen. Ich nicht, aber meine Frau ist es, antwortete dieser. — Er hatte tatsächlich nicht Unrecht. Aber wie war das näher gemeint? Von welchen Einrichtungen des römischen, kanonischen und heutigen Zivilrechtes war dabei Gebrauch gemacht worden; — unter welchen sachlichen Voraussetzungen war jener Tatbestand nach den genannten Rechtssystemen zu verwirklichen, — und welche Formalitäten waren nach ihnen jeweilig zu wahren?

4. Ein junger Ehemann klagt einem juristischen Freunde seine Not. Er sei so unvorsichtig gewesen, seine Schwiegermutter zum Besuche seiner jungen Häuslichkeit einzuladen; diese habe ihm aber sein Heim so unerträglich gemacht, daß es schließlich zu einer Szene gekommen sei, in der er sie des Hauses verwiesen habe; nun habe aber seine Frau erklärt, daß sie dann bis zum Schlusse des Vierteljahres, auf welches die Einladung gelautet, ihre Mutter begleiten werde.

Welche juristischen Erwägungen und rechtlichen Folgen lassen sich an diesen Tatbestand anknüpfen?

XXX

1. Der Bruder (B.) einer Braut (A.) hat dem Bräutigam (C.) unter dessen Annahme, aber ohne Wahrung von Formalitäten, versprochen, ihm ein dem B. gehöriges Landgut als Mitgift zu bestellen.

Ist dieses Versprechen nach römischem Rechte verbindlich?

2. Wenn das Landgut der A. gehört, und diese es dem C. als Brautgabe mitbringt, ist dieses gültig? Macht es einen Unterschied, ob die Zuwendung an den C. unter Brautleuten oder *inter virum et uxorem* geschah — l. 1 D. de donat. i. v. e. u. (24, 1)?

3. Wer ist, wenn das Gut nach der Eheschließung dem C. übergeben wird, der Eigentümer, und wer ist der Nutznießer? Wer hat die Befugnis, das Landgut zu verkaufen? oder eine Hypothek darauf aufzunehmen?

4. An wen ist im Falle 1 beim Tode der Ehefrau (A.) das Landgut herauszugeben? An wen im Falle 2? Wie ist es, wenn der Ehemann stirbt?

5. Die Ehe ist durch Scheidung gelöst worden. Kann die Frau das Gut für sich fordern? *Quanam actione?*

6. Vor einiger Zeit wurde im Hannoverschen in einem Garten, der nach dem damals dort geltenden römischen Rechte als Mitgift bestellt worden war, durch einen Arbeiter ein bedeutender Münzenfund gemacht. Es waren 2300 Stück Brakteaten aus dem 12. und 13. Jahrhundert, darunter solche von Wilhelm von Lüneburg, dem Sohne Heinrichs des Löwen und Vater Ottos des Kindes, welcher 1184 geboren und 1213 gestorben, von Bernhard von Anhalt, welcher 1180 die nordischen Sachsenlande des Löwen als Lehn erhielt, und mehrerer märkischer Dynastien. Der Fund war etwa um 1220 vergraben worden.

Wer hatte nun ein Anrecht auf diesen Fund?

7. Ein Ehemann hat während seiner Verwaltung mit großen Kosten einen Damm aufwerfen lassen, um das als *dos* gegebene Gut vor einer unmittelbar drohenden Überschwemmung zu sichern.

Kann er die Kosten ersetzt verlangen, wann und mit welchen Rechtsmitteln?

8. Er hat Verbesserungen an den Bewässerungsanstalten der Wiesen getroffen, sowie den Garten am Hause durch Blumenanpflanzungen verschönert.

Wie steht es mit seinen Ersatzansprüchen?

9. . . . Als Thornhill sah, daß er nach allen Seiten verloren, und nichts mehr von Schmeichelei oder Verstellung zu erhoffen war, hielt er es für den besten Ausweg, sich gegen seine Feinde zu wenden und ihnen die Spitze zu bieten. Ich sehe wohl, sagte er, daß ich hier keine Gerechtigkeit erwarten darf, aber werden soll sie mir doch. Nichts kann mir das Vermögen meiner seitherigen Braut entziehen, welches, dank der Sorglichkeit ihres Vaters, ziemlich groß ist. Der Ehekontrakt und die Verschreibung über das Vermögen des Fräulein Wilmot sind unterzeichnet und in meinem sicheren Besitz. Ihr Vermögen, nicht ihre Person, bewog mich, die Heirat zu wünschen; und da ich das eine habe, mag das andere nehmen, wer da will! . . . Jetzt trat Herr Wilmot herein und schien nicht wenig erfreut, daß seine Tochter noch eben der Gefahr entgangen war. Er gab bereitwillig seine Einwilligung zur Aufhebung der beabsichtigten Heirat, geriet aber in die größte Bestürzung, als er erfuhr, daß Herr Thornhill das ihm urkundlich verschriebene Vermögen nicht herausgeben wollte.

(Aus Goldsmith, Der Landprediger von Wakefield.)

a) Würde die erwähnte Bestellung der Mitgift nach römischem Rechte gültig vorgenommen sein?

b) War es juristisch begründet, daß der Squire das ihm als Mitgift verschriebene Vermögen als das seinige behalten durfte?

c) Wie stand es, wenn die Ehe wirklich geschlossen gewesen und dann gerichtlich geschieden worden wäre; und zwar: wenn die Braut aus eigenem mütterlichen Vermögen die Mitgift bestellt hätte, — oder wenn ihr Vater solche aus dem seinigen hergegeben?

10. Als die Frau des Glossators Bulgarus, der um die Mitte des 12. Jahrhunderts zu Bologna lebte, mit Hinterlassung dreier Kinder gestorben war, fragte sein Schwiegervater den Martinus, einen literarischen Gegner des Bulgarus, um Rat darüber, ob er die seiner Tochter mitgegebene Dos herausfordern könnte. Martinus antwortete: Wäre ich der Ehemann, so würde ich nach den von mir gelehrten Grundsätzen die Dos behalten; aber Bulgarus muß sie herausgeben, denn er hat diese Lehre stets verteidigt, und wenn er es nicht tut, so werde ich ihn übel an den Pranger stellen. — Bulgarus gab jedoch die Dos sofort freiwillig heraus.

Es sind folgende Fragen zu beantworten:

a) Wie beschaffen war die hier erwähnte Kontroverse?

b) In welchem Sinne war sie richtigerweise nach klassischem römischen Rechte zu schlichten: — und zwar einmal unter der Voraussetzung, daß der Besteller der Dos die väterliche Gewalt über die Frau des Bulgarus gehabt hatte, — sodann unter der Annahme, daß es sich um einen Stiefvater derselben gehandelt?

c) Was für eine Entscheidung ist nach justinianischem Rechte zu treffen, — und zwar wieder unter Berücksichtigung der doppelten eben angegebenen Möglichkeit?

XXXI

1. Sind folgende Kinder als eheliche zu erachten?

a) Die Ehe ist am 10. März geschlossen; am 16. September hat die Ehefrau einen Sohn geboren.

b) Oder: Das Kind ist am 16. August zur Welt gekommen.

c) Die Frau eines Seemannes, welcher drei Jahre lang im Auslande weilte, ist im Laufe des zweiten Jahres mit einem Kinde niedergekommen.

d) Ein Ehemann behauptet, mit seiner jetzt entbundenen Gattin seit Jahresfrist keinen Umgang gepflogen zu haben; was er zu beschwören bereit ist.

e) Oder: Er wirft der Ehefrau vor, daß sie mit einem anderen Manne Ehebruch getrieben habe.

f) Von einem im siebenten Monate nach Eingehung der Ehe geborenen Kinde glaubt der Mann, daß es nicht von ihm herrühre, weil es ein vollständig ausgetragenes und nach dem Reifegrade als ein neun Monate altes Kind anzunehmen sei.

2. Wie steht es in den kommenden Tatbeständen nach römischem Recht mit der Verpflichtung zur Reichung des Lebensunterhaltes?

a) Odysseus ließ beim Auszuge nach Troja sein Weib Penelope, seinen Sohn Telemach und seinen Vater Laertes zurück. Er selbst war verschollen und durch seine Irrfahrten verhindert, für jene zu sorgen.

b) Es hinterläßt jemand bei seinem Tode eine Witwe und drei Kinder, von denen das älteste ein selbständiger und wohlhabender Kaufmann ist, die zweite Tochter auskömmlich verheiratet lebt, während der Witwe mit dem jüngsten Mädchen, einem Kinde von 8 Jahren, Unterhaltsmittel nicht zu Gebote stehen.

c) In Hamburg starb im August 1892 ein Ehepaar an der Cholera mit Hinterlassung von fünf bedürftigen Kindern. Es lebten die Großmutter väterlicherseits und die beiden Eltern der Mutter.

3. Ein reicher Bauer, welcher mit seiner Frau einen Ehescheidungsprozeß führte, kam auch mit seinem 26jährigen Sohne, der seither bei dem Vater in dessen Beruf tätig gewesen, in Streit. Der Vater verlangte nun, daß der Sohn das Haus verlasse, weil er ungehorsam und widerspenstig sei und sich als gesunder Mensch sehr wohl verdingen und seinen eigenen Unterhalt verdienen könne. Der Sohn bestritt die Verpflichtung zum Verlassen des elterlichen Hauses und behauptete, er müsse zum Schutze seiner, Mißhandlungen ausgesetzten, Mutter im Hause verbleiben.

Wie war zu erkennen?

XXXII

1. Welche Rechtsakte liegen in folgenden Fällen vor? Welche Rechtsformen sind nach römischem Rechte für diese Akte erforderlich? Was für rechtliche Folgen sind mit ihnen verknüpft?

a) Ein kinderloses Ehepaar nimmt eine verwandte Waise an Kindes Statt an.

b) Oder: ein Kind armer Leute bei deren Lebzeiten.

c) Sie nehmen es in ihr Haus, damit es dort aufwachse und für seine Erziehung gesorgt werde.

d) Der auswandernde Vater gibt sein Kind seinem Vater in *patria potestas*.

e) Der Vater entläßt die sich verheiratende Tochter oder den volljährigen, sich selbständig niederlassenden Sohn aus der Gewalt.

f) Rechtsbuch nach Distinktionen I, 24 § 3: Had eyn man unde wip kinder, dy unrecht zcusammene komen sin, unde had daz wip sinth zcu der ee genomen, dy kinder, dy sy vor hatten, nemen keyn erbeteyl, und bliben unelich; zcu landrechte unde zcu wichbilde. Abir zcu bebistlichen geseccze zcweyget sich daz unde ouch noch Keyserrechte, also vor beschreben steth in deme capittele von der geborth.

2. Wie sind nachstehende Tatbestände rechtlich zu beurteilen? Was ist über ihre Zulässigkeit und Rechtsfolgen zu bemerken?

a) Ein römischer Bürger verheiratete seine Tochter. Der Ehe entstammen zwei Töchter und ein Sohn.

b) Eine freigelassene Sklavin kaufte ihr noch in Sklaverei befindliches Kind. Dann läßt sie es frei.

c) Es will jemand sein uneheliches Kind als rechtes Kind adoptieren.

d) Sogenannte *adoptio per testamentum:* Mein Neffe (Sohn meiner Schwester) soll mich beerben, wenn er von nun ab als mein Kind gelten und meinen Namen annehmen will.

3. Ein in väterlicher Gewalt stehender deutscher Reisender fällt in Ostafrika in die Hände arabischer Sklavenhändler und wird als Sklave verkauft.

An welche Bestimmungen des römischen Rechtes würde die Beurteilung dieses Falles sich analog anlehnen können? Und wie ist über ihn richtigerweise zu entscheiden?

4. *Die Konstitutionen des Kurfürsten August von Sachsen von 1572, P. II c. 10:* . . Bey diesem Gebrauche lassen wir es auch nochmals bleiben, und wollen, daß solcher Gewohnheit nach, auch Kraft dieser *Constitution* in unseren Gerichten erkannt werden soll, nemlich, da sich Kinder, so zu ihren mündigen Jahren kommen, von dem Vater mit Anstellung ihrer eigenen Haushaltung und Nahrung scheiden, daß alsdann solches für eine *Emancipation* zu achten, und derselben Würckung haben soll, ungeachtet, obgleich solche *Emancipation* anderer Gestalt, und für Gerichte nicht geschehen und fürgenommen würde.

Dazu erläuternde *Consultationes*: . . . daß die väterliche Gewalt auch nach sächsischen Rechten statt habe, es befände sich denn gewißlich, daß die Väter ihre Kinder solcher Gewalt insonderheit erlassen und lösgezählt, welches geschieht etwa *in iudicio*, oder aber *in personis filiarum* durch die eheliche Ausstattung.

Das hier sanktionierte deutsche Gewohnheitsrecht bedeutete eine bekannte Abänderung der einschlägigen Sätze des römischen Rechtes. Es fragt sich, ob danach die väterliche Gewalt in folgenden Fällen endigte?

a) Eine unverheiratete Tochter errichtet ein Putzgeschäft.

b) Ein junger Kaufmann über 21 Jahre übernimmt eine mit Gehalt verbundene Stelle als Kommis in einem Handlungshause.

c) Sohn oder Tochter verheiraten sich, bleiben aber im väterlichen Hause wohnen und in der dortigen Wirtschaft tätig.

d) Nach bestandener Prüfung erfolgt die Ernennung jemandes zum Referendar oder zum Gerichtsassessor.

5. Der Sohn eines mecklenburgischen Gutsbesitzers war zum Leutnant im Königlich preußischen in Potsdam garnisonierenden

Garde-Husaren-Regiment ernannt worden. Bald darauf hatte er, im Alter von 22 Jahren, einen Schuldschein über 5000 ℳ für ein von ihm aufgenommenes Darlehen ausgestellt. Nun berief er sich auf ein bekanntes römisches Gesetz über Unverbindlichkeit gewisser Darlehen.

Welches war gemeint? War der Einwand begründet?

6. Romanus hatte mit Eudoxia ein Liebesverhältnis, dem eine Tochter entstammt war. Diese wurde von Nikolaus an Kindes Statt angenommen. Einige Zeit darauf gingen Romanus und Eudoxia die Ehe miteinander ein.

Wie steht es nun mit der elterlichen Gewalt über jenes Kind? Was für erbrechtliche Folgen treten nach römischen Gesetzen ein, wenn eine der genannten Personen mit Tod abgeht?

7. Egeus: Verdrusses voll erschein' ich und verklage
Mein Kind hier, meine Tochter Hermia . . . .
Verspricht sie hier vor Eurer Hoheit nicht
Sich dem Demetrius zur Eh', so fordr' ich
Das alte Bürgerrecht von Athen,
Mit ihr, wie sie mein eigen ist, zu schalten.
Dann übergeb' ich diesem Manne sie,
Wo nicht, dem Tode, welchen unverzüglich
In diesem Falle das Gesetz verhängt.
(Shakespeare, Ein Sommernachtstraum I, 1.)

Steht das hier erwähnte Recht dem Vater (— oder der Mutter?) auch nach älterem römischem Rechte oder nach den Sätzen des Corpus iuris civilis zu?

8. Wie ist *der Wechsel*, den ein Student von Hause gesendet bekommt, juristisch zu charakterisieren?

Ist dabei die rechtliche Struktur die gleiche, wenn der Vater aus Zinsen des mütterlichen Erbteiles des Studierenden diesem Geld sendet; — oder umgekehrt: die Mutter aus dem von ihr verwalteten väterlichen Erbe des Sohnes; — oder endlich: der Vormund des jungen Mannes aus der Erbschaft von dessen Eltern?

9. Ende August 1870 fand ein deutscher Grenadier beim Aufwerfen einer Schanze vor Straßburg verschiedene Geldrollen, in denen sechs Pfund Silbermünzen mit guter Prägung und der Jahreszahl 1639 sich befanden; außerdem einen gut erhaltenen goldenen Trauring, der außer den Anfangsbuchstaben zweier Namen (T. und A.) deutlich die Jahreszahl 1630 auswies.

Nun erhob der Großvater, in dessen Familiengewalt der Grenadier damals stand, Anspruch auf das Gefundene oder dessen Wert; und verlangte namentlich, daß die X., welcher der Soldat den Ring inzwischen geschenkt hatte, ihn wegen Ungültigkeit dieser Schenkung herausgebe.

Wie hätte ein römischer Jurist hierüber geurteilt?

10. Ein Mädchen, das noch unter väterlicher Gewalt steht, kommt mit einem Kinde außerehelich nieder. Sie belangt ihren Verführer auf die nach heutigem Rechte von ihm geschuldete Alimentation des Kindes. Der uneheliche Vater hinterlegt in Erfüllung jenes Anspruches bei der Sparkasse des Ortes auf den Namen des Kindes eine Summe, die in üblicher Weise verzinst wird.

Es fragt sich:

a) Wie ist auf diesen Tatbestand die römische Pekulienlehre anzuwenden? In wessen Vermögen befindet sich also jenes Guthaben der Substanz nach? Und wem steht der Genuß und die Zinsenziehung zu? — Cf. § 1 I. 2, 9.

b) Wer hat Anspruch auf die erwähnte Summe, wenn das Kind später stirbt, die drei im Tatbestande erwähnten Personen aber noch leben; — und zwar einmal, falls es sich um gesetzliche Erbfolge handelt, oder aber, wenn der Verstorbene in gültigem Testamente jemanden zu seinem Universalerben eingesetzt hat?

XXXIII

1. Es hatte ein *civis Romanus* einen Sohn, der noch in seiner Gewalt stand und selbst zwei Kinder hatte; außerdem zwei Enkel, wovon der eine der Sohn eines emanzipierten, inzwischen verstorbenen Sohnes war, der andere dagegen das Kind eines in der *patria potestas* verstorbenen Sohnes.

Wem konnte jener römische Bürger testamentarisch einen *tutor* bestellen?

2. Der Jurist Stryk berichtet von einem Rechtsfalle, in dem ein Graf von Löwenstein seine Söhne im Alter von 24 und 11 Jahren emanzipierte. Was hatte nun nach römischem Vormundschaftsrecht zu geschehen?

Wie würde sich dies stellen, wenn der Graf nach zwei Jahren mit Tod abgegangen wäre?

3. Konnte ein Knabe von 13 Jahren nach römischem Rechte in gültiger Weise ohne Mitwirkung des Vormundes

a) eine *stipulatio* abschließen?

b) eine Sache verschenken oder sich schenken lassen?

c) eine Erbschaft antreten?

d) eine Forderung zedieren oder einen Erlaßvertrag mit seinem Gläubiger eingehen?

e) für eine ihm zustehende Forderung von seinem Schuldner ein Pfand annehmen?

4. Ein elfjähriges Mädchen hat jemandem eine Sache gestohlen und diese dann beiseite gebracht. Der Tutor weigert sich, diese Handlung durch seine *auctoritas* zu stützen.

Welche *actio* steht in Frage? Wie verhält es sich mit der Möglichkeit ihrer Geltendmachung?

5. Jemand verlangt nach Erlangung der *pubertas*, daß sein Vormund ihm Rechnung ablege. *Quanam actione?*

6. Der Vormund eines kleinen Mädchens hat den Schmuck, den es von seiner Mutter ererbt hat, verkauft und das Geld sich zugeeignet. Rechtsfolge? *Quae sit actio?*

7. Ein Gutsbesitzer hatte einen Inspektor, der das Gut verwaltete, testamentarisch zum *tutor* eines *filius impubes* des Testators eingesetzt. Der Inspektor verwaltete das Gut weiter und widmete diesem seine ganze Zeit und Kraft. Wie steht es mit dem erzielten Gewinn und den beiderseitigen Ansprüchen bei der Abrechnung?

8. V. hat Geld seines Mündels M. an S. verzinslich ausgeliehen und dafür den B. zum Bürgen angenommen. S. wird flüchtig, B. ist insolvent. V. wird wegen schuldhafter Geschäftsführung in Anspruch genommen; er behauptet, daß man jenes damals nicht habe voraussehen können.

Actio? — Beweislast?

9. Während der Krankheit eines Vormundes über einen unmündigen Knaben hat ein dem elterlichen Hause des letzteren befreundeter Geschäftsmann fällige Schulden des Mündels bezahlt. An wen kann er sich nun halten, und welche *actio* würde ihm zustehen?

XXXIV

1. Ein Vater hinterläßt bei seinem Tode ein wahnsinniges Kind von acht Jahren.

Was gilt hier über die Vormundschaft nach römischem Rechte? Würde es von unterscheidendem Einflusse sein, wenn jenes Kind erst nach des Vaters Tode geisteskrank geworden wäre?

2. Es gibt im römischen Rechte einen Fall, in welchem ein *filius familias* einen *curator* erhalten kann. Der Fall ist nov. 117 c. 1 zu entnehmen und in Verbindung mit dem in unserem § 32 Gelehrten klar zu stellen.

3. Ein zehnjähriges Kind wird von X. zum Erben eingesetzt. Der Vormund des Kindes ist Gläubiger des X. In welcher Weise wird dieser Fall nach römischem Rechte erledigt?

Wie stände es, wenn erst jetzt ein Gläubiger jenes X. zum Vormunde über den Erben des X. berufen werden sollte?

4. Das einem Zwanzigjährigen gehörige Haus war durch den Blitz angezündet worden. Der Vormund hat zwecks Aufbaues Geld aus seinem Vermögen vorgeschossen.

Welche *actio* verlieh hier das römische Recht?

5. Ein *pubes minor* hat mit Zustimmung des Vormundes einem Käufer das Kaufgeld gestundet, obgleich die dringendsten Anzeichen von dessen Kreditunwürdigkeit vorlagen. Der Schuldner fällt bald darauf in Konkurs.

Wie steht es hier mit der Haftung des *curator?*

6. *Reichs-Polizei-Ordnung von 1577, XXXII Titel:* Von der *Pupillen,* und minderjährigen Kindern *Tutorn,* und Vormündern.

§ 1. Wiewol in gemeinen beschriebenen Rechten ernstlich *disponirt,* und versehen ist, daß den *Pupillen,* und minderjährigen Kindern von ihren Vormündern, mit allem Fleiß und Ernst fürgestanden, und derselben Nutz und Wolfahrt gesucht und gefürdert werden solle: So befind sich doch vielmals, daß in solchen Sachen von den Vormündern betrüglich, versäumlich, und nicht mit dem Fleiß, wie sie zu thun schuldig, gehandelt würdet, den *Pupillen* und minderjährigen Kindern zu mercklichem Nachtheil und Schaden. Wann aber nun den Obrigkeiten zustehet, in dem gebürlich und billich Einsehens haben, damit die *Pupillen* und minderjährigen Kinder unbetrogen, und unvernachtheilt bleiben: So wollen wir allen und jeden Churfürsten, Fürsten, Prälaten, Grafen, Herrn, von Adel, und *Communen,* hiemit ernstlich aufferlegt, und befohlen haben, in ihren Fürstenthumen, Herrschafften, Obrigkeiten und Gebieten, dermassen Versehung zu thun, und zu verordnen, daß den *Pupillen* und minderjährigen Kindern, jederzeit, bis sie zu ihren Vogtbaren Jahren kommen, Vormünder und Vorsteher, da die ihnen von ihren Eltern in Testamenten, oder letzten Willen, nit verordnet, oder ihre angeborne Freund und Verwandten sich der Vormundschafft, aus rechtmäßigen Ursachen nit unterziehen oder darzu tüglich und geschickt wären, gegeben werden.

§ 2. Daß ein jeglicher Vormünder, er sey gleich in Testaments weiß verordnet, oder durch das Recht, oder Richter gegeben, sich der Vormundschaft nicht unterziehen soll, die Verwaltung sey ihme dann zuvor durch die Obrigkeit *decernirt* und befohlen.

§ 3. Item, daß nach befohlener Verwaltung, von allen Gütern, liegend und fahrend, Schulden-Brieff, und Registern, ein *Inventarium* aufrichte, und rechtmäßige gnugsame *Caution* und Versicherung thue, auch mit Gelübden und Eyden beladen werde, daß er seinen Pflegkindern, und ihren Gütern, getreulich und erbarlich vorseyn, ihre Personen und Güter versehen, und verwahren, die Güter nicht in seinen eigenen Nutzen kehren oder wenden, noch dieselbigen ohn Vorwissen Erkantnuß und *Decret* der Obrigkeit, veräussern, verpfänden, oder beschwehren, und jährlich nit allein auf Erforderung der Obrigkeit, sonder auch selbst, vermög seines anbefolnen Ampts, auch geleister Pflicht und Eyds, gebührlich Rechenschafft anbieten und thun, um sein Verwaltung Rede und Antwort geben, und alles anders handlen, das einem getreuen Vormünder eignet und zustehet, alles bey Vermeydung der Straff gemeiner Recht, indem dann alle und jede Obrigkeiten, vermög göttlicher und unserer Kayserlichen Gebott, sonders fleißiges Auffsehen zu thun, austragenden Ampt, sich schuldig erkennen, und darumb keines Vormünders Fahrläßigkeit, noch weniger Vervortheilung bey seinem Pflegkind, oder dessen Güter ungestrafft hingehen lassen sollen.

Welche Neuerungen sind in diesem Gesetze gegenüber den Sätzen des reinen römischen Rechtes über Vormundschaft eingeführt worden?

Fünftes Buch.

Erbrecht.

XXXV

1. Der Schauspieler A. war von dem Theaterdirektor B. für den Spielabschnitt des kommenden Winters verpflichtet worden. Er stirbt am 2. November und hinterläßt seinen Bruder C. als Erben. Von D. hatte A. eine Wohnung vom 1. Oktober an auf ein Jahr und von da ab mit vierteljährlicher Kündigungsmöglichkeit gemietet. An dem halben Vermögen seiner verstorbenen Schwester E. hatte ihm der Nießbrauch zugestanden; während er für deren zwei Kinder die andere Hälfte unentgeltlich zu verwalten übernommen hatte, auch für das eine, das noch minderjährig war, von dem Gerichte als Vormund bestellt worden war. Als sein Freund F. bei G. ein Darlehen aufgenommen, hatte er sich für den F. verbürgt. Er selbst war dem Krämer H. aus Kaufverträgen noch Geld schuldig, wogegen er freilich im Testamente der ihn überlebenden Sängerin J., mit der er vor kurzem ein Verlöbnis eingegangen war, eine beträchtliche Summe als Legat zu erwarten hatte.

Was übt nun auf alles dieses sein Tod für einen Einfluß aus?

2. Bei der genauen Ordnung des Nachlasses des im Falle 1 erwähnten A. fand sich ein von dem Herzoge von K. verliehener Verdienstorden. Auch waren mehrere Mobilien und Pretiosen da, über deren Erwerb sich nichts ermitteln ließ, die aber der Verstorbene, wie Zeugen versicherten, stets als die seinigen behandelt hatte. Mit dem Journalisten L. war A. in persönlichen Streit geraten, jener hatte ihn hämisch und in der Form beleidigend kritisiert, so daß der Rechtsbeistand des A. versichert hatte, daß der Beleidiger auf Strafe und Leistung einer Geldbuße mit Erfolg verklagt werden könnte. A. war bei einer Lebensversicherungsgesellschaft mit 12000 ℳ versichert und hatte von einer Rentenanstalt eine Leibrente von jährlich 135 ℳ zu beziehen. Endlich hatte ihm M. schenkungsweise bewilligt, daß sich A. nach seiner freien Wahl eines von den drei Reitpferden des M. aussuchen dürfe.

Auch hier ist anzugeben: wie es sich nach der Lehre des römischen Rechtes mit diesen Rechtszuständigkeiten des A. nunmehr verhalte?

3. Nach der kurhessischen Judenordnung von 1749 § 27 durften Juden keine Feldgüter erwerben. Dieses Gesetz blieb für solche Juden, die nicht kurhessische Staatsangehörigkeit besaßen, bestehen, bis das Bundesgesetz über die Freizügigkeit vom 1. November 1867 § 1 bestimmte, daß *keinem Bundesangehörigen um des Glaubensbekenntnisses willen . . der Erwerb von Grundeigentum verweigert werden darf.*

Am 1. Oktober 1865 starb in einem Dorfe des Schwalmgrundes ein Bauer, dessen einzige Tochter einen jüdischen Kaufmann in Eisenach geheiratet hatte, aber schon vor dem Vater verstorben war. Letzterer hatte testamentarisch seinen Schwiegersohn zu seinem alleinigen Erben eingesetzt.

Konnte dieser die Ackergrundstücke in Anspruch nehmen?

4. K. kauft *bona fide* von V. eine dem E. gehörige Sache für 10 ℳ. Nach $2^3/_4$ Jahren stirbt K. Sein Erbe H. erklärt nach einigen Monaten brieflich, daß er die Erbschaft antrete.

Wer ist nach römischen Grundsätzen Eigentümer? Wer ist juristischer Besitzer?

5. Zwei Söhne und eine Tochter beerben ihren Vater, einen Grundeigentümer. Der älteste Sohn beansprucht als solcher das väterliche Gut und will die Geschwister mit Geld abfinden, der jüngere Sohn aber beruft sich auf die Parömie *Gleiche Brüder, gleiche Kappen* und möchte zur Hälfte Miteigentümer bleiben.

Was hat nach dem römischen Erbrechte zu geschehen?

Wie wäre es, wenn keines der drei Kinder Grundeigentum, sondern alle Auszahlung in Geld haben möchten — (*so viel Mund, so viel Pfund*)?

6. Die Recks Eheleute schlossen mit ihrer Enkelin Katharina Hofmann einen Vertrag folgenden wesentlichen Inhaltes: Da sich ihr einziges Kind Anna Marie, verehelichte Hofmann, der sie schon einen Teil ihres Vermögens abgetreten hätten, gar nicht um sie kümmere, wollten sie deren Tochter Katharina ihr noch übriges sämtliches Vermögen vermachen und sofort übergeben, erwarteten aber dagegen, daß diese sie wie bisher verpflege, auch etwa vorfindliche Schulden entrichte.

a) Wie ist dieses rechtlich aufzufassen und im einzelnen durchzuführen?

b) Wie verhält sich ein solcher Vertrag zu dem in l. 15 C. de pactis (2, 3): *Pactum, quod dotali instrumento comprehensum est, ut, si pater vita fungeretur, ex aequa portione ea quae nubebat cum fratre heres patri suo esset, neque ullam obligationem contrahere nec libertatem testamenti faciendi mulieris patri potuit auferre?*

c) Was ist, im gleichen Sinne gefragt, zu l. 61 D. de V. O. (45, 1) zu bemerken: *Stipulatio hoc modo concepta: si heredem me non feceris, tantum dare spondes? inutilis est, quia contra bonos mores est haec stipulatio?*

d) Wie steht es in dieser Richtung mit dem noch vor 200 Jahren vorherrschend gelehrten, von THOMASIUS erst als lächerlich dargestellten Pakte, wonach Adam nach dem Sündenfalle unter Zustimmung seiner Söhne letztwillig bestimmt hätte, daß seine Rittersitze, Äcker und Wiesen nebst anderen liegenden Gründen dem Kain, das bare Geld aber und die kostbaren Möbel dem Abel zufallen sollten?

e) Welche Rechtsfolge tritt ein, wenn die Enkelin vor ihren Großeltern stirbt?

7. In Pötnitz im Herzogtum Anhalt kam vor längeren Jahren der seltene Fall vor, daß bei Ausschüttung einer Konkursmasse nicht nur alle Gläubiger voll befriedigt und die Gerichts- und Anwaltskosten bezahlt wurden, sondern daß auch noch ein nicht unerheblicher Betrag übrig blieb. Der Konkurs wurde seinerzeit über die Hinterlassenschaft eines Verstorbenen eröffnet, die nächsten Erben hatten wenig Vertrauen zu der Erbschaft und wollten sie nicht antreten.

Wer war hier eigentlich der Konkursschuldner?

Und was wird nun, nachdem die Sache sich günstiger gestellt hat, aus dem Überschuß der Konkursmasse?

XXXVI

1. Nach dem Tode des A. erfuhren dessen Kinder B. und C. von einem gerichtlichen letzten Willen des Verstorbenen. Die Urkunde lautete:

Testament. Aus meinem Nachlasse soll mein Freund D. 5000 ℳ erhalten und mein alter Diener E. eine lebenslängliche jährliche Rente von 150 ℳ beziehen.

Was liegt römischrechtlich vor?

2. Der Besitzer eines Bauerngutes hatte am Schlusse seines Testamentes bestimmt:

Ich behalte mir hiermit ausdrücklich das Recht vor, dies Testament durch außergerichtliche Nachzettel zu ergänzen und abzuändern. Solche Nachträge sollen mit diesem Testamente ganz gleiche Kraft haben. . .

Nach seinem Ableben fand sich in seinem Nachlasse ein derartiger Nachzettel vor, aufgesetzt vor fünf Zeugen und ordnungsmäßig unterschrieben und versiegelt. In diesem Nachzettel hatte der Erblasser die im Testamente bestimmte gleichmäßige Verteilung des Nachlasses unter die beiden Erben dahin abgeändert, daß der eine von ihnen zwei Drittel, der andere den Rest bekommen solle. Auch hatte er dem einen Erben, der noch minderjährig war, einen Vormund ernannt.

Was ist nach dem Corpus iuris civilis über Begriff und rechtliche Bedeutung dieser Willenserklärungen zu bemerken?

3. Einem jungen Juristen wird von einer verwandten Dame nachstehende Frage brieflich vorgelegt:

Ich besitze eine alte treue Freundin, welche unverheiratet ist. Sie hat den Wunsch, daß nach ihrem Tode ihre Hinterlassenschaft, bestehend in Garderobe, Leinwand, einigen Haushaltungsgegenständen und etwa 500 ℳ in bar, wie auch etlichen Büchern und sonstigen Kleinigkeiten, in meinen Besitz übergeht. Nun hat sie diesen letzten Willen in einem Briefe an mich niedergeschrieben, welcher nach ihrem Tode geöffnet werden soll, als etwaiger Ausweis ihren Geschwistern gegenüber. Ich bin nun im Zweifel, ob dieses eine genügende rechtliche Sicherheit bietet. . . . Könnte ich vielleicht den Brief bei Gericht abgeben? Ich habe auch schon daran gedacht, vor Zeugen feststellen zu lassen, daß der Brief wirklich von meiner Freundin herrührt und mir zu dem genannten Zwecke übergeben worden ist; bin aber in Unkenntnis, wie man sich da etwa zu verhalten hätte.

Wie ist diese Anfrage nach römischem Erbrechte zu beantworten?

4. Ich Van der Kabel testiere 1799 den 7. Mai hier in meinem Hause in Haslau in der Hundsgasse ohne viele Millionen Worte. . . . Die milden Gestifte mache ich so, daß ich für 3000 hiesige Stadtarme jeder Stände ebenso viele leichte Gulden aussetze, wofür sie an meinem Todestage im künftigen Jahre auf der Gemeinhut, wenn nicht gerade das Revuelager da steht, ihres aufschlagen und beziehen, das Geld froh verspeisen und dann in die Zelte sich kleiden können. Auch vermache ich allen Schulmeistern unseres Fürstentums, dem Manne einen Augustdor, sowie hiesiger Judenschaft meinen Kirchenstand in der Hofkirche. . . . Meinen sieben weitläufigen Anverwandten vermache ich nichts, ausgenommen gegenwärtiges Haus in der Hundsgasse, als welches ganz so wie es steht und geht, demjenigen von meinen sieben genannten Herrn Anverwandten anfallen und zugehören soll, welcher in einer halben Stunde (von der Vorlesung der Klausel an gerechnet) früher als die übrigen sechs Nebenbuhler eine oder ein paar Tränen über mich, seinen dahingegangenen Onkel, vergießen kann vor einem löblichen Magistrate, der es protokolliert. Bleibt aber alles trocken, so muß das Haus gleichfalls dem Universalerben verfallen. . . . Dieser Universalerbe ist der Schulzensohn in Elterlein, Namens Gottwalt Peter Harnisch. . . Ritte der Teufel meinen Universalerben, so daß er die Ehe bräche, so verlöre er die Viertelerbschaft, — sie fiele den sieben Anverwandten heim; ein Sechstel aber nur, wenn er ein Mädchen verführte. Stirbt der junge Harnisch innerhalb 20 Jahren, so verfällt die Erbschaft den hiesigen *corporibus piis*. Schlägt aber Harnisch die ganze Erbschaft aus, so ist es so viel, als hätte er zugleich die Ehe gebrochen und wäre Todes verfahren. . . . Ein jeder Wille darf toll und halb, und weder gehauen noch gestochen sein, nur aber der letzte nicht, sondern dieser muß, um sich zum zweiten-, dritten- und viertenmale zu ründen, also konzentrisch, wie überall bei den Juristen, zur *clausula salutaris*, zur *donatio mortis causa* und zur *reservatio ambulatoriae voluntatis* greifen. So will ich denn hiermit dazu gegriffen haben, mit kurzen und vorigen Worten. (Aus JEAN PAUL, Flegeljahre.)

Von welchen Rechtseinrichtungen ist hier Gebrauch gemacht, und welche juristischen Begriffe haben Anwendung gefunden?

5. A. hatte D. und E. als seine Erben testamentarisch genannt; und zwar sollen sie zu gleichen Teilen erben und den anderen Verwandten verschiedene Vermächtnisse auszahlen. D. stirbt nach A., aber vor Eröffnung des Testamentes.

Welches ist nun das rechtliche Schicksal dieser Erbschaft?

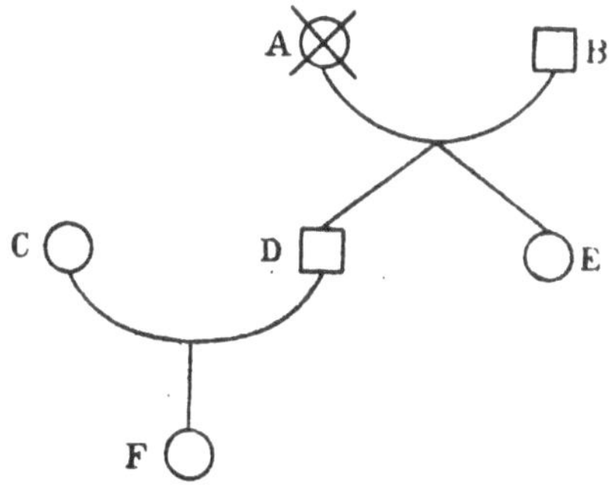

6. Testament der B.: D. soll mein Erbe sein. Falls D. vor mir stirbt, so substituiere ich den C.; wenn nach mir, so soll die Erbschaft fideikommissarisch an den C. herausgegeben werden.

Wie ist es nach römischem Erbrechte, wenn D. nach der B., aber vor angetretener Erbschaft stirbt?

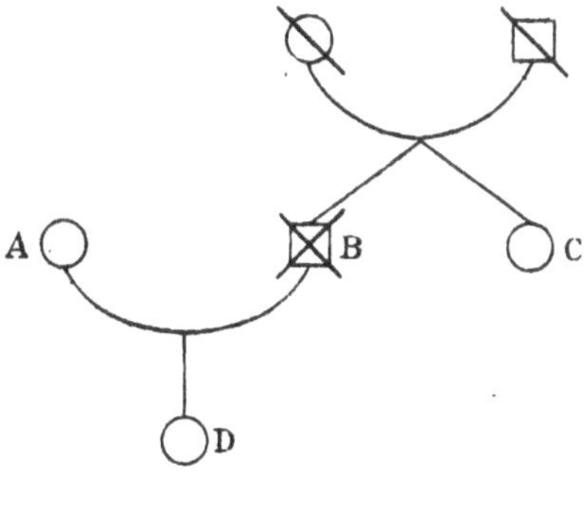

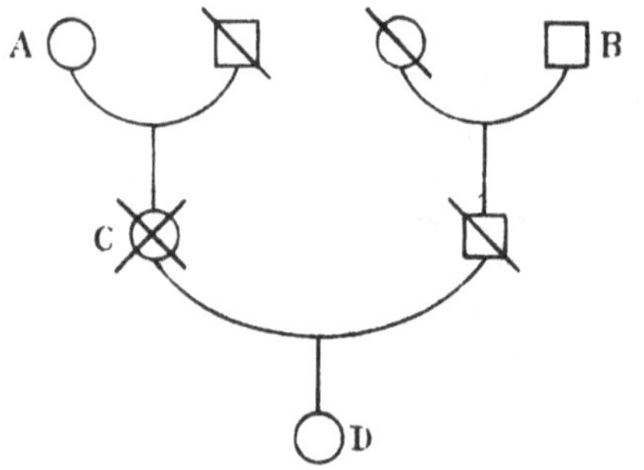

7. C. ernennt den A. und den D. zu seinen gleichberechtigten Erben. D. schlägt nach der Testamentseröffnung aus.

An wen fällt nunmehr nach den erbrechtlichen Bestimmungen des Corpus iuris civilis die dem D. ausgesetzte Erbportion?

8. N. hat zwei ihm fremde Personen X. und Y. zu Erben eingesetzt und dem Y. den Z. substituiert. X. tritt nach dem Tode des N. die Erbschaft an, Y. schlägt sie aus.

Wem würde ein römischer Jurist den Anteil des Y. zugesprochen haben?

Cf. l. 2 § 8 D. de bonorum possessione secundum tabulas (37, 11).

XXXVII

Descendens omnis succedit in ordine primo.
Ascendens proprior, germanus, filius eius.
Tunc latere ex uno iunctus, quoque filius eius.
Denique proximior reliquorum quisque superstes.

1. Wie sind folgende Personen nach römischem Intestaterbrecht berechtigt, — und zwar: nach den zwölf Tafeln, nach dem prätorischen Edikt, nach dem Rechte der klassischen Juristenzeit, nach nov. 118?

a) Mutter und Bruder des Verstorbenen.
b) Vater und Mutter.
c) Ehefrau und Schwiegersohn.
d) Der älteste Sohn und zwei Töchter.
e) Zwei Kinder des verstorbenen ältesten Sohnes und eine Tochter des Erblassers.
f) Die Ehefrau und ein Vetter im zehnten Grade.
g) Stiefeltern und Stiefkinder gegeneinander.
h) Das Kind eines verstorbenen Stiefbruders und ein Vetter mütterlicherseits.

2. Wie wird X. nach nov. 118 beerbt, wenn bei seinem Tode als nächste Verwandte folgende Personen leben?

a) Sein Sohn und dessen zwei Söhne, seine älteste Tochter und deren drei Enkel, der Sohn seiner verstorbenen jüngeren Tochter.

b) Ein Sohn erster Ehe, eine Tochter zweiter Ehe und deren Kind, zwei seiner Söhne und der Sohn einer verstorbenen Tochter aus dritter Ehe.
c) Seine Mutter und deren Eltern, sowie die Großeltern väterlicherseits und ein Kind seines verstorbenen Bruders.
d) Die Mutter, die ihn außerehelich geboren hat, ein weiteres uneheliches Kind derselben und der Erzeuger der beiden Kinder.
e) Drei Urgroßeltern väterlicher- und zwei mütterlicherseits.
f) Ein Bruder und ein Halbbruder mütterlicherseits, der von des Erblassers Vater, nach der Heirat mit dessen Mutter, arrogiert worden war.

3. Spanischer Erbfolgekrieg.

Karl II. von Spanien war der Sohn Philipps IV. († 1665), dessen eine Schwester Anna († 1666) mit Ludwig XIII. von Frankreich († 1643) vermählt war, während die jüngere Maria Anna († 1646) den Kaiser Ferdinand III. († 1657) heiratete. Jener Ehe entstammte Ludwig XIV. († 1715), der die spanische Prinzessin Maria Theresia († 1683), die Tochter Philipps IV., zur Gemahlin nahm. Ihr Enkel war Philipp V. von Anjou († 1746), der Sohn des 1711 als Dauphin verstorbenen Ludwig. Der Sohn Ferdinands III. war Leopold I. († 1705), der in erster Ehe mit Margarethe Theresia († 1673), der Schwester der Gemahlin Ludwigs XIV., in zweiter Ehe mit Eleonore Magdalene von Pfalz-Neuburg vermählt war. Der ersten Ehe war Marie Antonia († 1692) entsprossen, die Max Emanuel von Bayern († 1726) heiratete, und deren Sohn Joseph Ferdinand von Karl II. zu seinem Nachfolger testamentarisch bestimmt war, jedoch schon 1699 verstarb. Aus zweiter Ehe hatte Leopold I. zwei Söhne, Joseph I. († 1711) und Karl, deren jüngeren, Karl VI. († 1740), er als Thronprätendenten dem von Frankreich auf den spanischen Thron gebrachten Philipp V. entgegenstellte, als Karl II. am 1. November 1700 mit Tod abgegangen war.

Es ist hierüber ein Stammbaum zu entwerfen und anzugeben: wie nach römischem Intestaterbrecht über die Hinterlassenschaft Karls II. zu befinden gewesen wäre?

4. *Kedinger Landrecht* (Aufzeichnung des Gewohnheitsrechtes für das Kedinger Land am westlichen Ufer der Elbe, zuerst gedruckt 1664), tit. 16 § 1:

Hier sagt das alte Kedinger Recht: Es stirbet kein Gut zurück, sondern vorwärts, darum, wenn Kinder oder Kindeskinder verstorben, und ihr Vater und Mutter im Leben wären, haben dieselben ihren Nachlaß nicht erben können, sondern ist in *linea collaterali* in der Seitenlinie auf die nächsten Blutsfreunde vererbt. Solcher Gebrauch ist ebenmäßig abgeschafft und einhellig bewilligt, daß nach beschriebenen kaiserlichen Rechten verfahren werden solle.

Inwiefern weicht der angegebene erbrechtliche Grundsatz von den Bestimmungen des römischen Rechtes in seiner geschichtlichen Entwickelung jeweilig ab?

5. In einem Intestaterbfalle wurde nachstehender Stammbaum aufgestellt:

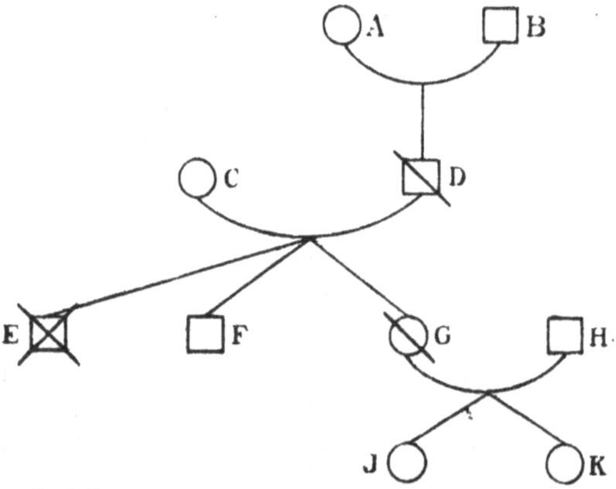

Es fragt sich:

a) Wie ist die Erbschaft der E. zu verteilen?

b) Wie steht es, wenn C. vor der Antretung der Erbschaft verstirbt?

c) Wie wäre es, wenn G. nicht vor, sondern nach der E. verstorben wäre?

XXXVIII

Quatuor aut infra natis dant iura trientem,
Sed dant semissem liberis, si quinque vel ultra.

1. Genügen nachstehende Verfügungen den Vorschriften des römischen Noterbenrechtes auf den verschiedenen Stufen seiner Entwickelung?

a) Ich setze die Universität H., in ihrer Eigenschaft als moralische Person, zu meiner alleinigen und Universalerbin ein. Mein einziger Sohn (— oder: meine fünf Töchter; — oder: meine drei Söhne; — oder: meine Enkel und Enkelinnen; — oder: meine beiden Eltern; — oder: mein Bruder) soll weiter nichts als den Pflichtteil haben. Andere nahe Verwandte (— als die jeweils aufgeführten) habe ich nicht.

b) Der X. hat seine Ehefrau zu seiner Erbin eingesetzt und seiner noch lebenden Mutter die Hälfte ihres gesetzlichen Erbteiles als Vermächtnis zugewendet.

c) Jemand hinterläßt sein gesamtes Vermögen testamentarisch zwei unehelichen Kindern von ihm, während einer seiner Brüder ihn überlebt.

d) Es hat jemand eine anrüchige Person als Erbin eingesetzt; er hinterläßt bei seinem Tode einen jüngeren Bruder und den Sohn einer schon verstorbenen älteren Schwester.

e) Zu Erben berufe ich die fünf Kinder meines verstorbenen ältesten Sohnes, sowie das einzige Töchterchen meines jüngsten Sohnes. den ich deshalb von meinem Nachlasse ausschließe, weil er sich in sehr guten Vermögensverhältnissen befindet.

f) Da mein ältester Sohn vor 6 Jahren nach Australien ausgewandert und seitdem verschollen ist, und ich annehmen muß, daß er sich nicht mehr am Leben befindet, so wende ich mein zu hinterlassendes Vermögen ausschließlich meinem jüngsten Kinde zu.

2. Welche rechtliche Bedeutung kommt für ein römisches Testament folgenden Tatbeständen zu?

a) A. hat in seinem Testamente seinen Haussohn B. und seine verheiratete Tochter C. als Erben eingesetzt, ohne weitere Verwandte zu nennen oder zu bedenken. Sowohl B. wie C. sterben aber vor A., jedes mit Hinterlassung eines ehelichen Knaben.

b) Es setzt jemand seine Ehefrau, mit der er in kinderloser Ehe lebt, zur Erbin ein. Später adoptiert er das von seiner Frau vor ihrer Bekanntschaft geborene uneheliche Kind, damals im Alter von vier Jahren.

c) Ein Testator hatte noch eine Mutter am Leben, als er seinen Sohn und mit diesem einen ganz entfernten Verwandten zum Erben einsetzte. Der Sohn starb vor dem Vater.

3. Wie groß ist der Pflichtteil nach nov. 18 c. 1, wenn jemand

a) fünf Kinder hat und eines davon gültig enterbt;

b) einen Enkel von einem Sohne und vier Enkel von einem anderen Sohne hinterläßt;

c) einen Sohn, drei Enkel von einem anderen Sohne und drei Enkelinnen von einem dritten Sohne hat; einer der Enkel heiratet eine der Enkelinnen, und aus dieser Ehe wird ein Sohn geboren, dessen Eltern bald darauf sterben; nun stirbt der Alte mit Hinterlassung des Sohnes, zweier Enkel und Enkelinnen und des Urenkels?

4. Sind folgende Enterbungen nach römischem Noterbenrecht wirksam?

a) Der Testator enterbt seinen Sohn, weil er von ihm schwer beleidigt worden ist. Nachmals versöhnt er sich mit ihm.

b) Eine Tochter schließt ihren Vater von ihrer Erbschaft gänzlich aus, weil dieser mit seiner Schwiegertochter ein unzüchtiges Verhältnis unterhält.

c) Meine unverheiratete Tochter, die Kinder meines verstorbenen ältesten Sohnes und meinen jüngsten Sohn, sämtlich Kinder aus meiner ersten Ehe, enterbe ich hierdurch, weil sie sich gegen ihre Stiefmutter, meine jetzige Frau, gröblich vergangen und sie in roher Weise körperlich mißhandelt haben.

---

5. Welche Rechtsbehelfe haben die im folgenden angeführten Noterben? Hat das römische Recht hierbei nicht gewechselt?

a) Von Lord Arlington wird erzählt, daß er ein so leidenschaftlicher Whistspieler gewesen sei, daß er seinen Sohn enterbte, weil dieser als sein Partner in einem kritischen Spiele einen groben Fehler machte und mit der falschen Karte herauskam.

Nach anderen Berichten soll er den Sohn um dessentwillen aus dem Hause gestoßen und in seinem Testament überhaupt nicht erwähnt haben.

Man setze auch den Fall, daß nicht der Sohn des Lords davon betroffen worden wäre, sondern: die Tochter; — Enkel oder Enkelinnen; — ein Bruder.

b) Jemand hat seinen Sohn und zwei fremde Personen zu gleichen Teilen zu Erben eingesetzt, seine Tochter aber übergangen.

c) Ein Vater hatte seine zwei Töchter enterbt, weil sie sich einem liederlichen Lebenswandel ergeben hätten. Dann stellte sich heraus, daß jene Annahme nur auf die eine von den beiden Schwestern zutraf, während die andere außer allem Makel war.

6. Jemand setzte seine Ehefrau als Erbin ein und überging seine Mutter ohne Anführung eines rechtfertigenden Grundes. Die Mutter starb. Nicht lange darauf ging auch der Testator mit Tod ab, unter Hinterlassung seiner Ehefrau und zweier Brüder.

Hatten die letzteren (nach nov. 115) einen Anspruch Rechtens?

7. Als der Rentier Karl Weidenbaum starb, waren seine nächsten gesetzlichen Erben seine Mutter und seine unverehelichte Schwester Natalie. Weidenbaum hatte bei Gericht ein Testament hinterlegt, in welchem er lediglich seine Schwägerin Lina Sürten zur Erbin eingesetzt hatte, unter völliger Umgehung seiner näheren Angehörigen.

Die Mutter des Testators verklagte Lina Sürten auf Umstoßung jenes Testamentes. Als der Prozeß eine Zeitlang gedauert hatte und noch schwebte, verglichen sich die Streitteile, indem Lina Sürten der Klägerin eine Abfindungssumme zahlte, mit der sich diese zufrieden gab.

Jetzt trat aber Natalie Weidenbaum gegen Lina Sürten auf und focht das Testament wegen der Präterition der Mutter an.

Es ist nov. 115 c. 3 und 4 zu vergleichen und danach Urteil mit Entscheidungsgründen auszuarbeiten.

---

8. Sind folgende Erbeseinsetzungen nach justinianischem Noterbenrecht (nach Erlaß der nov. 115) in Ordnung?

a) Ich setze meinen Vetter O. zu meinem Erben ein; meine Kinder und Enkel aber sollen nichts haben. Sie werden sich schon erinnern, wie sie sich schlecht gegen mich benommen und mich, als ich noch bei ihnen lebte, gequält, beleidigt und sogar körperlich mißhandelt haben.

b) Mein Vermögen vermache ich der Stadt A. als meiner Gesamtnachfolgerin. Ich setze dabei voraus, daß B., mein einziger Sohn, bei meinem Tode aus seinen jetzigen geschäftlichen Schwierigkeiten glücklich und erfolgreich sich gelöst hat; sollte das nicht der Fall sein, und er in Geldbedrängnis sich befinden, so soll er die Erbschaft, die ich hinterlassen werde, erhalten.

c) Meine fünf Kinder sollen meine Erben und Universalsukzessoren sein. Dabei sollen meine drei Töchter je ein Viertel des von mir hinterlassenen Kapitalvermögens ausgezahlt erhalten; meinem jüngsten Sohn soll das Gut und der gesamte übrige Nachlaß, zusammen noch nicht ganz die Hälfte meines Vermögens, zufallen; der Rest mag das Erbe meines ältesten, in Amerika weilenden Sohnes sein, der mir niemals Freude gemacht hat.

d) Mein einziges Kind aus erster Ehe, K., setze ich zum Erben ein auf das mir gehörige Wohnhaus in X., im Werte von etwa 24000 *M*. Mein übriges Vermögen soll meine Ehefrau L., mit der ich in kinderloser zweiter Ehe lebe, als Erbin erhalten.

e) Hierdurch bestimme ich, daß mich meine Kinder A. und B. beerben sollen. Meine Tochter B. jedoch, die sich gegen meinen Wunsch und Willen mit C. verheiratet hat, soll bloß ein Zehntel des Nachlasses als Erbin haben.

f) Mein Sohn hätte die Enterbung wohl verdient, da er mich allerwege schlecht behandelt und mir sogar nach dem Leben getrachtet hat. Indessen soll er nur auf den Fall enterbt sein, wenn ich außer ihm noch Kinder hinterlasse, die dann als meine Rechtsnachfolger die Erbschaft unter sich gleichmäßig verteilen mögen.

9. Welche Rechtsfolgen hat das römische Noterbenrecht an folgende tatsächliche Möglichkeiten geknüpft?

a) Der A. will seine Ehefrau B. als Erbin einsetzen. Er teilt dieses seinem einzigen Sohne C. mit; und dieser erklärt sich damit ganz einverstanden und willigt darin ein, daß er im Testamente nicht berücksichtigt werde; — (wobei die beiden Möglichkeiten zu unterscheiden sind: 1, daß C. zwar volljährig ist, aber noch unter väterlicher Gewalt steht; 2. daß er selbständig lebt und aus der *pătria potestās* entlassen ist).

b) In dem sub a) mitgeteilten Falle erfährt C. erst nach dem Tode des A. von dessen Testament und macht nun vom *ius abstinendi* Gebrauch; — oder: er ist vor dem A. mit Tod abgegangen; — oder: er verstirbt kurz nach dem Ableben des A., ohne in der Erbschaftssache Schritte getan zu haben.

c) Ein Vater setzt seine Kinder und zugleich eine ihm nicht verwandte Person zum Erben ein. Dann wird ihm noch ein eheliches Kind geboren — sei es zu seinen Lebzeiten oder nach seinem Tode; dieses stirbt aber bald nach seiner Geburt — und zwar das zu seinen Lebzeiten geborene wiederum in doppelter Möglichkeit: entweder während der Vater noch lebt, oder nachdem er schon verstorben ist.

d) Nach erlangter Volljährigkeit wird ein Sohn von seinem Vater aus der *patria potestas* entlassen; zugleich erhält er ein Kapital zur selbständigen Errichtung eines Geschäftes ausgeantwortet. Nach einem Jahre stirbt der Sohn unter Hinterlassung eines Testamentes, worin er sein ganzes Vermögen einer *pia causa* vermacht.

10. In dem fränkischen Dorfe Neuhaus lebte um die Mitte des vorigen Jahrhunderts der Bauer Martin Schimmel im eigenen dürftigen Anwesen. Nach dem Tode seiner Frau übergab er, da er 68 Jahre alt war, Haus und Hof und Äcker seinem Sohne Kaspar, während er auf den Altenteil sich setzte und in das Oberstübchen des Hauses zog. Kaspar Schimmel war ein jähzorniger und sittenloser Mensch. Als sein einziger Sohn Andreas mit einer wohlhabenden Bauerntochter aus dem Nachbardorfe Schirren sich verheiratete, zunächst aber weiter in dem Hause seines Vaters verblieb, verführte letzterer die junge Frau zur Unzucht mit ihm; der Ehescheidung kam ein plötzlicher Tod der Frau zuvor.

Der kränkliche Andreas Schimmel, der nun ganz mit seinem Vater überworfen war, verließ dessen Haus und errichtete ein Testament, in welchem er das ihm von seiner Frau laut Ehepakten zugefallene Vermögen deren Verwandten vermachte, seinen Vater aber unter Bezugnahme auf dessen schändliches Tun ausdrücklich enterbte. Bald darauf starb er.

Nun fragte es sich:

a) War das Testament rechtsgültig?

b) Konnte nicht Martin Schimmel etwas beanspruchen?

c) War es von Einfluß, ob die Mutter des Andreas Schimmel schon vor ihm verstorben war oder erst jetzt, kurz nach dessen Ableben, mit Tod abging?

(Vgl. Vangerow, Lehrbuch der Pandekten § 486.)

XXXIX

1. Ich sage aber, solange der Erbe ein Kind ist, so ist unter ihm und einem Knecht kein Unterschied, ob er wohl ein Herr ist aller Güter. — Sondern er ist unter den Vormündern und Pflegern, bis auf die bestimmte Zeit vom Vater.

Geht das von PAULUS VON TARSUS hier gebrauchte Gleichnis von juristisch zutreffender Grundlage aus? Auf welche Sätze des römischen Rechtes kommt es dabei an? Worin liegt des näheren das *tertium comparationis* zwischen diesen und den Gedanken in Gal. 4, 1—7 und Röm. 8, 17?

2. Nach dem am 3. März erfolgten Tode des Herrn von Krahlmann behalten dessen drei unverehelichte Schwestern, die mit ihrem gleichfalls unverheirateten Bruder gemeinsamen Haushalt geführt hatten; die seitherige Ordnung ihres Lebens zunächst völlig bei. Am 2. April meldet sich ein ihnen unbekannter Darlehensgläubiger des Verstorbenen; da er einen ordnungsmäßigen Schuldschein präsentiert, versprechen die Schwestern, ihn demnächst zu bezahlen. Am 19. April verkaufen sie die Bibliothek des Verstorbenen an einen Antiquar; und nehmen am 1. Mai Pachtgeld von einem Gute ihres Bruders in Empfang, wobei die eine Schwester eine Quittung ausstellt.

Haben diese Akte — sei es jeder einzelne für sich oder sie alle zusammen — eine weitere rechtliche Bedeutung? Liegt vielleicht eine *cretio hereditatis* vor?

3. Vor einiger Zeit verstarb in Hamburg ein Kaufmann Jan Hunston, der bei einem seiner Bekannten ein formell ordnungsmäßiges Testament hinterließ. Auf dem Kuvert, in welchem sich das Testament unter Siegel befand, war vom Verstorbenen eigenhändig bemerkt, daß die Öffnung des Kuverts ein Jahr nach seinem Todestage (10. März) stattzufinden habe. Als die ungeduldigen Erben des Testators sich am genannten Tage versammelten und in ihrer Gegenwart das Kuvert geöffnet wurde, bot sich ihren Blicken ein zweites Kuvert mit derselben Aufschrift dar. Es blieb nichts übrig, als sich mit Geduld zu wappnen und ein weiteres Jahr zu warten, um dann leider zu erfahren, daß der eigenwillige Testator ihnen auch diesesmal die Kundgebung seines letzten Willens vorenthielt. Diese Prozedur wiederholte sich im Laufe von sieben Jahren, und erst nach dieser Zeit erhielten die durch das lange Harren außer sich geratenen Erben den vierten Teil der Hinterlassenschaft, die im ganzen 164 850 ℳ betrug. Das zweite Viertel war den Kindern der Amme des Testators, seinen Milchgeschwistern, das dritte dem Testamentsvollstrecker, bei dem das Testament aufbewahrt war, vermacht, und das letzte Viertel hatte die Bestimmung, bei der Reichsbank deponiert zu werden und im Jahre

1925 demjenigen Verwandten des Verstorbenen zuzufallen, der zu der Zeit mit den meisten Kindern gesegnet sein wird.

Hieran lassen sich folgende Fragen nach römischem Erbrechte anknüpfen:

a) Wer war vor der Testamentseröffnung Eigentümer der Erbschaftsgegenstände? Und wer ist es nunmehr, wenn alle bis jetzt bestimmten Erben angetreten haben?

b) Wem fallen die Zinsen des Erbschaftsvermögens zu? Wer wird Eigentümer der Früchte von Sachen der Verlassenschaft?

c) Verjährt eine Forderung des Verstorbenen gegen einen Darlehensschuldner, wenn die Verjährungszeit während der erwähnten sieben Jahre abgelaufen ist?

d) Kann in entsprechender Weise eine vom Erblasser begonnene Ersitzung sich vollenden?

e) Welche Rechtsfolge tritt ein, wenn von dem bei der Bank deponierten Vermögen etwas gestohlen wird? Oder wenn Erbschaftsmobiliär durch einen Dritten schuldhafter Weise beschädigt worden ist?

4. Ein Testamentserbe verklagte die Witwe seines Erblassers auf Herausgabe von dessen Erbschaft. Die Beklagte entgegnete, daß die Sachen a—g dem X. gehörten, der sie ihrem verstorbenen Ehemann nicht zu Eigentum übergeben hätte; vielmehr wäre a von dem Verstorbenen geliehen worden, b zu Nießbrauch empfangen, c ebenso zu Emphyteusis, d gemietet, e als Depositum angenommen, f als Pfand und das Geldpäckchen g als Darlehen erhalten. Der Testamentserbe gibt das zu, glaubt aber, daß die Beklagte trotzdem zur Herausgabe auch dieser Objekte an ihn verpflichtet sei.

Ist dieses — für alle oder für einige jener Sachen — nach römischem Rechte begründet?

XL

1. Welche Rechtsbegriffe haben in folgenden Dispositionen Anwendung gefunden?

a) Dem A. vermache ich mein ganzes Vermögen. Er soll aber die Erbschaft nur lebenslang besitzen und genießen. Nach seinem Absterben soll sie an B. fallen. Dem C. hinterlasse ich mein Haus in der Hochstraße. Er soll es jedoch gleichfalls bloß für sich lebenslänglich haben; und nach seinem Tode soll es an D. fallen.

b) Romulus übergibt dem Niger vertragsmäßig 1000 aurei zu Eigentum mit der Auflage, nach des Schenkers Romulus Tode dem Servilius 100 aurei auszuzahlen.

c) Zu meinem Universalerben bestimme ich den N.; es soll jedoch mein Bruder O. den dritten Teil meines Nachlasses erhalten.

d) Wenn mein Freund H., der mich allein beerben wird, ohne Kinder sterben sollte, so verordne ich, daß eine Summe von 5000 ℳ an meine Vettern W. und V. zurückfalle.

2. *Gaius Lepidus ac Marcus Polybius heredes mei sunto. Mario Gratidiano Medonem servum Lepidi do lego; et Lepidus triginta praecipua accipito. Sergio Oratae heredes centum danto. Aurelius Clodius Nydiam ancillam meam sumito sibique habeto. Quadrigam meam Cneius Matius capito.*

Unter welche römischrechtlichen *termini technici* sind diese einzelnen Vergabungen zu bringen? Was für Rechtsfolgen sind mit jeder von ihnen verknüpft? Welche *actiones* stehen dabei in Frage?

3. Telemach hat die kostbaren Sachen, die ihm von Menelaos und Helena geschenkt worden waren, zu seinem Freunde Peiräos gebracht. Dieser mahnt, daß die Geschenke abgeholt würden. Telemach erwidert:

Freund, wir wissen ja nicht, wohin sich wende die Sache.
Wenn mich etwa im Hause die übermütigen Freier
Töten durch Meuchelmord und unter sich teilen das Erbgut;
Wünsch' ich, daß du vielmehr, denn ein anderer, jenes genieße.
Aber wofern ich diese mit Tod und Verderben bestrafe;
Dann mir Fröhlichen bring' es ein Fröhlicher dar in die Wohnung.
(Od. XVII 78ff.; vgl. XV 110ff.)

Wie ist diese Abrede rechtlich zu kennzeichnen?

4. Ein katholischer Geistlicher, der seine fünf Geschwister als seine Erben hinterließ, hatte zu dem einen von ihnen, das allein um den Erblasser in seinen letzten Stunden war, gesagt: *Volo ut vos post mortem meam Charino Menedemo mille thaleros solvatis.*

Ist das nach älterem oder neuerem römischen Rechte eine gültige Disposition? Wie wäre es, wenn der vermachte Gegenstand die Bibliothek des Priesters gewesen wäre?

5. Leyser berichtet in seinen *Meditationes ad pandectas* folgenden Rechtsfall:

Ein Edelmann hatte seinem Meier eine alte und baufällige Mühle geschenkt. Dieser stellte sie auf seine Kosten in guten Stand her und ließ an der Vorderseite des Hauses einen Stein mit dieser Inschrift anbringen:

Des von Hochstedt guter Wille
Schenkt mir diese alte Mühle;
Und aus dankbarlicher Treue
Läßt mein Tod ihm diese neue.

Nach des Meiers Tode behauptete der Gutsherr, auf Grund jener Inschrift, daß ihm die Mühle entweder als eine Schenkung von Todes wegen oder als Legat und Fideikommiß zukomme. Er gewann auch wirklich den Prozeß.

Aus welchen Gründen?

6. Sublegat. Derjenige, welcher das Vermächtnis prästieren soll, steht in eben dem Verhältnis mit dem, welcher es erhalten soll, wie der Erbe gegen den Legatarium. Wie aber, wenn nun ein solches Legat nicht angenommen wird: verliert der zweite Legatar das Seinige? Z. E. Ich vermache *Cajo* ein Haus, er soll aber *Titio* ein Legat von 10000 Tlrn. entrichten. *Cajus* repudiert das Legat, weil vielleicht das Haus nicht 10000 Tlr. wert ist.

Quaero: muß dann der Erbe die 10000 Tlr. prästieren? Ich glaube . . . (Suarez, Gesetz-Revision, Pensum XVI.)

7. Sind die kommenden Vermächtnisse nach römischem Rechte gültig und voll zu bezahlen — und zwar jeweilig nach den verschiedenen jene beschränkenden *leges?* Welche rechtlichen Folgen sind in den einzelnen Fällen durchzuführen?

a) Die Erbschaft beträgt 24000 ℳ; es sind dem A. 12000 ℳ, dem B. 6000 ℳ, dem C. 2000 ℳ vermacht.

b) Als Erben einer Hinterlassenschaft von 12000 ℳ sind X., Y., Z. eingesetzt. Es soll X. an Vermächtnissen 3500 ℳ zahlen, Y. 2000 ℳ und Z. 1500 ℳ.

c) Die Aktiven eines Nachlasses sind 20200 ℳ. Der Verstorbene hinterläßt Schulden im Betrage von 7500 ℳ. Begräbniskosten betragen 300 ℳ. An Aufwendungen für Gerichtsgebühren und Inventarisationskosten werden 400 ℳ in Anspruch genommen. Der Universalerbe H. soll dem Legatar J. ein Grundstück im Werte von 8000 ℳ geben, dafür dieser aber 7500 ℳ an K. bezahlen.

8. Aimée d'Alton war die Geliebte des Dichters Alfred de Musset. Nach dessen Tode heiratete sie seinen Bruder Paul. Als auch dieser starb und seine Witwe nun erfuhr, daß er einen unehelichen Sohn hinterlassen hatte, bestimmte sie letztwillig, daß ihre Erben jenem Kinde eine jährliche Rente von 6000 Franken zu zahlen hätten; nach dem Tode des Empfängers sollte das Kapital zu jener Rente an den Staat fallen, der dann verpflichtet wäre, den Brüdern Musset ein Denkmal zu errichten.

a) Wie war dieser letzte Wille juristisch aufzufassen und durchzuführen?

b) Wie wäre es gewesen, wenn die Erben der Witwe die ganze Erbschaft an den oben Bedachten hätten herausgeben sollen? Konnten sie in diesem Falle nach römischem Rechte zur Antretung der Erbschaft gezwungen werden? Wer hätte alsdann für die Schulden der Erblasserin gehaftet?

c) Hätten die genannten Erben im Falle b) nicht etwas von der Erbschaft zurückbehalten können? Hatte das römische Recht im Laufe seiner Geschichte nicht verschiedene Sätze hierüber? Hätte das Recht, etwas zurückzubehalten, dem Erben des mit dem Vermächtnis der Erbschaft Bedachten zugestanden, als er die Erbschaft an den Staat herausgeben mußte?

d) Der holländische Jurist VERDUYN veröffentlichte 1756 eine Dissertation über die Frage, wie es mit Testament und Erbschaft des von den Toten auferweckten Lazarus rechtlich zu halten gewesen sei. Für die Römer kam hier in anscheinend entsprechender Weise das *ius postliminii* des zurückgekehrten Kriegsgefangenen zur Erwägung. — Wie würden sich diese Fragen zu den soeben verhandelten Verpflichtungen zur Herausgabe einer Erbschaft verhalten?

Kolibri 360 GmbH
Ferdinand-Jühlke-Straße 7
99095 Erfurt, Deutschland
produktsicherheit@kolibri360.de